화장지로
만드는
곤충

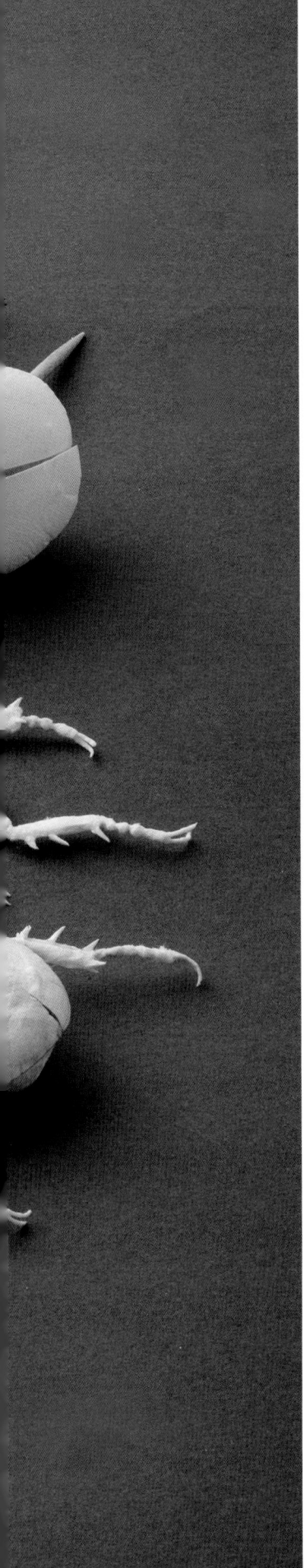

들어가며

　제가 티슈로 곤충을 만들기 시작한 것은 지금으로부터 약 20년 전의 일입니다. 원래는 옛 민가의 모형을 제작하던 것이 계기가 되어 지금에 이르렀습니다. 당시 50세였던 저는 건축 관계 일을 하고 있었고, 일 때문에 일본 토호쿠 지방, 츄부 지방 등에 현존하는 옛 민가들을 많이 보러 다녔습니다. 사이타마 시골에 있는 옛날식 민가에서 나고 자랐다는 이유도 있어서 그런 집들을 아주 좋아했던 저는, 실물 민가 사진을 찍고 도면을 그려서 1/40 모형을 만들기 시작했습니다. 그러던 중에 민가 모형 주위에 말이나 닭, 채소 등의 미니어처 모형도 직접 만들어서 배치하게 됐습니다. 그 미니어처를 만드는 데 가장 좋은 재료를 찾다가 만난 것이 바로 티슈였습니다. 티슈는 그야말로 제가 만드는 모형에 딱 맞는 소재였습니다. 작게 잘라서 뭉치거나 꼬아서 끈 모양을 만들고, 접착제나 바니시(니스)로 굳히는 등 활용할 수 있는 방법이 아주 다양했습니다.

　원래 곤충을 기르는 취미가 있던 저는, 얼마 지나지 않아서 곤충도 티슈로 만들게 됐습니다. 알에서 번데기, 성충으로 변화해가는 모습을 하루 종일 관찰하다가, 곤충의 생명이 참으로 덧없다는 생각이 들었습니다. 「이젠 죽지 않아도 돼」라고 생각하며, 살아있던 시절과 똑같은 모습의 모형을 만들어서 남겨주고 싶다는 생각으로 곤충 만들기를 시작했습니다. 곤충의 실물 크기 도면을 만드는 것부터 시작해서 티슈로 부품을 하나하나 만들고, 꼼꼼하게 색을 칠해서 완성했을 때의 기쁨은, 옛 민가 모형을 완성했을 때보다 더 컸습니다. 그렇게 곤충 만들기에 더 열중하게 되었고 지금까지 120종류, 300마리 이상의 「티슈 곤충」을 만들어왔습니다. 만들 때마다 새로운 것을 발견하게 되고, 그 발견을 다시 새로운 곤충 만들기에 활용하고 있습니다.

　티슈는 어느 가정에서나 볼 수 있는 우리에게 친근한 소재입니다. 하지만 어떤 식으로 이용하고 가공하느냐에 따라 다양한 모습으로 변화하며 생각지도 못했던 다채로운 표현을 가능하게 하는, 무궁무진한 가능성을 지닌 소재이기도 합니다. 티슈를 이용해서 저와 함께 다양한 곤충을 만들어보지 않으시겠습니까?

코마미야 히로시

수록 작품 소개 ①

만드는 방법을 풍부한 과정 사진을 곁들여 상세하게 설명한 곤충들입니다. 난이도 순서대로 게재했으니
꼭 한 번 도전해보세요

풍뎅이
▶p.32

호랑나비
▶p.54

메뚜기
▶p.64

장수잠자리
▶p.80

장수풍뎅이
▶p.92

참매미
▶p.106

도면만 게재한 곤충들입니다. P.4~5에 나온 곤충들 만드는 방법을 마스터하면 응용해서 만들 수 있습니다.

사마귀
▶ p.118

하늘소
▶ p.120

장수말벌
▶ p.122

채색하지 않은 티슈 곤충의 붉은색 부분은
접착제가 오래되면서 변색을 일으킨 부분입니다.

톱사슴벌레
▶ p.124

아틀라스장수풍뎅이
▶ p.126

으름밤나방
▶ p.135

수록 작품 소개 ③ (채색 상태)

티슈 곤충은 티슈로 각 부분들을 하나하나 만든 뒤에 색을 칠하고 조립합니다. 곤충에 따라서는 바니시
(니스)를 칠해서 마무리합니다.

풍뎅이
▶ p.32

장수잠자리
▶ p.80

호랑나비
▶ p.54

장수풍뎅이
▶ p.92

메뚜기
▶ p.64

참매미
▶ p.106

8

사마귀
▶p.118

장수말벌
▶p.122

하늘소
▶p.120

톱사슴벌레
▶p.124

방아깨비
▶p.128

비단벌레
▶p.132

물장군
▶p.130

청띠신선나비
▶p.134

암끝검은표범나비
▶p.134

이데아왕나비
▶p.133

티슈 곤충을 만드는 과정

티슈로 만드는 리얼한 곤충인 「티슈 곤충」을 완성하기까지의 기본적인 제작 순서를 소개합니다.

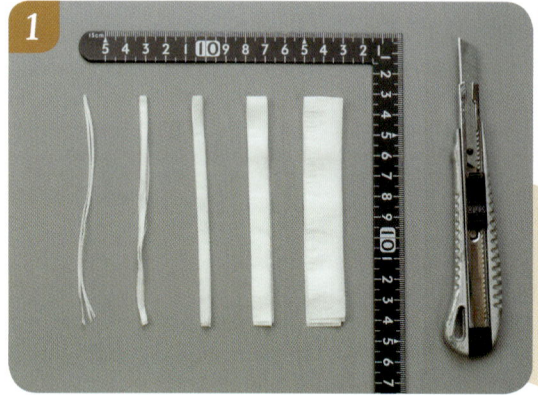

티슈를 자른다

시판되는 티슈를 필요한 크기로
자릅니다.

티슈를 둥글게 뭉친다

접착제를 발라서 다양한 크기로 뭉쳐줍니다.
곤충의 눈 등에 사용합니다.

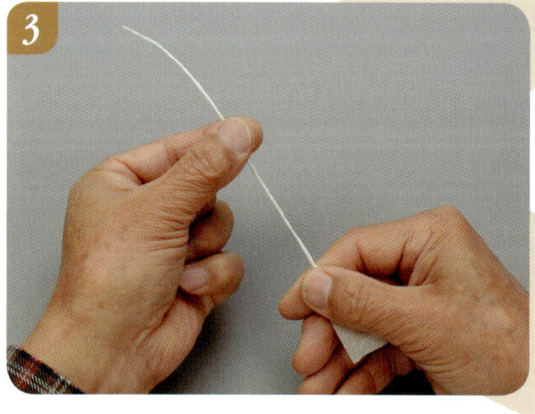

티슈를 꼬아준다

티슈를 가늘게 꼬아서 끈 모양으로 만들고 접
착제로 굳혀줍니다. 다양한 굵기로 만들어서
곤충의 다리와 더듬이 등에 사용합니다.

접착제나 바니시(니스)를 먹인다

티슈에 접착제나 바니시를 먹여서 접착제 종이
(두꺼운 종이)와 바니시 종이(투과지)를 만듭
니다. 단단한 곤충의 몸과 각 부위의 부품, 얇은
날개 등에 사용합니다.

토대를 만든다

1~**4**에서 준비한 티슈를 사용해서 곤충의 몸과 머리의 토대를 만듭니다.

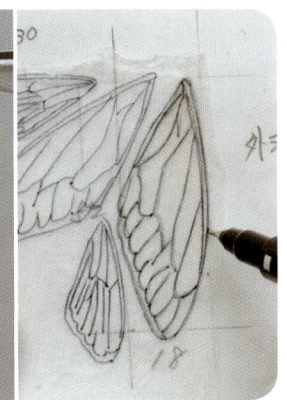

부품을 만든다

눈, 더듬이, 마디, 다리, 날개 등의 작은 부품을 만듭니다.

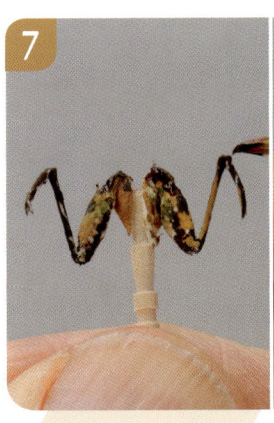

채색

수채 물감으로 부품을 칠해줍니다.

조립

부품을 조립합니다. 곤충에 따라서는 조립한 뒤에 채색하는 경우도 있습니다.

완성

완성입니다.

Contents

Part 1
필요한 도구와 기본 테크닉

도구 소개

티슈 곤충을 만드는 데 필요한 도구를 소개합니다. 대부분 평소 우리에게 친숙한 도구들입니다. 쓰기 편하게 제가 독자적으로 개량한 도구도 있습니다.

기본적인 도구

▶ 티슈

이 책에 게재된 모든 곤충은 티슈로 만들었습니다. 어느 제조사의 제품을 사용해도 됩니다. 단, 제조사에 따라서는 「종이 결」이 다른 것도 있으니 주의하세요(p.16).

▶ 가위

티슈 등을 자를 때 사용합니다. 다양한 크기로 준비하면 편리.

▶ 커터

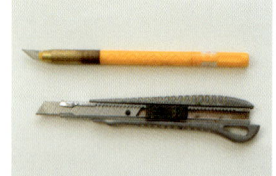

일반적인 커터와 아트나이프 등을 함께 사용하면 편리.

▶ 목공 접착제

접착할 때 사용합니다. 다른 용기에 덜어서 사용하면 편리합니다.

▶ 이쑤시개

목공 접착제를 바를 때 사용합니다.

▶ 핀셋

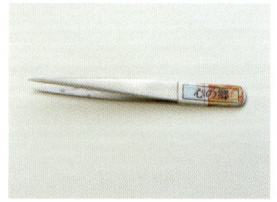

세밀한 작업을 할 때 필수품.

▶ 직각자

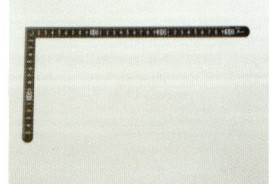

티슈를 특정한 크기로 자를 때 사용.

▶ 수제 자

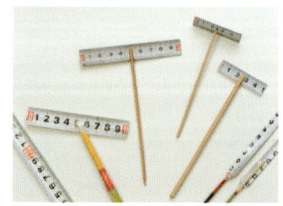

시판 줄자를 사용하기 편하도록 개량한 것.

▶ 버니어 캘리퍼스

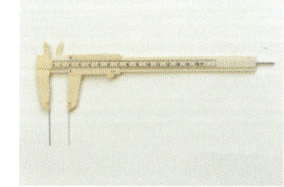

정확한 크기를 잴 때 사용.

▶ 연필

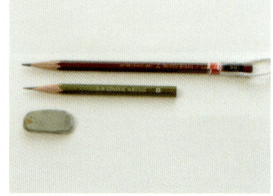

뭔가를 표시하거나 도면을 그릴 때 사용합니다.

▶ 커팅 매트(판)

칼로 자를 때, 책상에 흠집이 나지 않도록 하기 위해서.

▶ 투명 플라스틱판

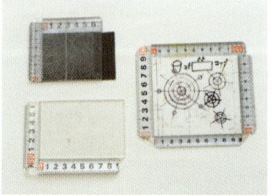

투명한 판이라서 세밀한 작업에 편리.

▶ 스티로폼

작업 중에 부품 받침대로 사용.

▶둥근 젓가락

둥근 젓가락 끝부분을 깎은 것. 곤충의 몸을 둥그스름하게 만드는 데 사용.

▶티스푼

풍뎅이(p.32)의 마디를 만들 때 사용.

▶사포

핀셋을 뾰족하게 만들 때 사용.

▶천(물수건)

손에 묻은 접착제를 닦아낼 때 사용.

▌채색 도구

▶수채 물감

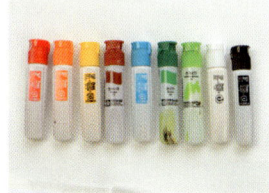

채색용 수채 물감. 균일가 생활용품점에서 파는 것도 OK

▶물감 접시

물감을 덜어서 섞을 때 사용.

▶붓

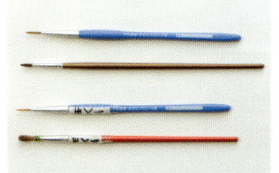

수채 물감용 붓 1~2자루와 바니시용 붓 1~2자루. 가는 붓이 편리.

▶사인펜

날개 무늬를 그리거나 섬모를 만들 때 사용.

▌접착제 먹인 종이(p.26)와 바니시 먹인 종이(p.28)를 만들기 위한 도구

▶쟁반

20×20×5cm 정도 크기. 접착제나 바니시를 따라놓습니다.

▶접착제 희석액 용기

접착제 희석액을 담을 용기(페트병).

▶분무기

바니시 먹인 종이를 만들 때 사용. 공작용 유광 바니시(투명).

▶바니시(니스)

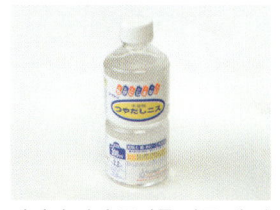

바니시 먹인 종이를 만들 때 사용. 공작용 유광 바니시(투명). 최종 마감에도 사용.

▶숟가락

일반적인 숟가락. 접착제 먹인 종이를 만들 때 사용.

▶나무젓가락, 빨래집게

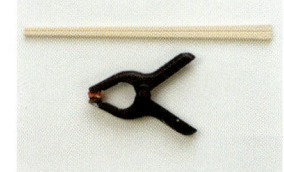

접착제, 바니시 먹인 티슈를 말릴 때 사용.

▶다리미

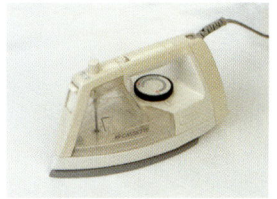

접착제, 바니시 먹인 티슈를 마감할 때 사용.

▶신문지

접착제나 바니시가 책상에 묻지 않도록 하기 위해서 사용.

기본① 티슈 준비

먼저 티슈를 준비해봅시다.

티슈의 「결」을 알아보자

티슈의 결(섬유의 방향)은 제조사에 따라 다릅니다. 갑 티슈를 구입했으면, 반드시 아래와 같이 찢어서 결의 방향을 확인하세요.

티슈를 한 장 꺼내서 펼칩니다.

사진과 같은 방향으로 찢어보세요.

저항 없이, 깔끔하게 찢어졌습니다. 이쪽이 「결」 방향입니다.

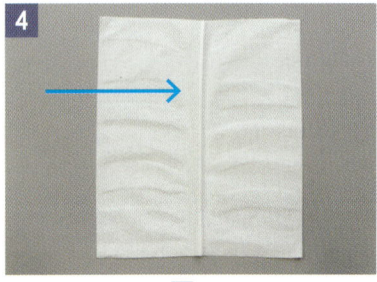

한 장을 더 꺼내서, 2 와 90도 방향에서 찢어봅니다.

깔끔하게 찢어지지 않았습니다. 이쪽은 「결」이 아닙니다.

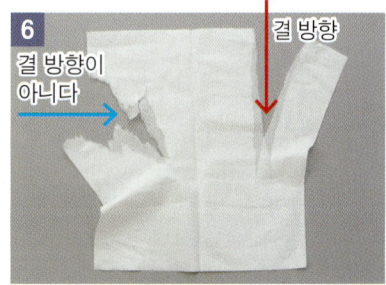

여기서 미리 결 방향을 확인해두세요.

「두 겹」과 「홑겹」

곤충의 부품에 따라서는 티슈(두 겹)를 분리해서 「홑겹」으로 사용할 때도 있습니다.

티슈를 한 장 뽑은 상태(얇은 종이 2장으로 구성돼 있습니다). 이것을 이 책에서는 「두 겹」이라고 부릅니다.

얇은 티슈 한 겹을 분리합니다.

한 겹을 분리한 상태. 이 책에서는 「홑겹」이라고 부릅니다.

기본② 티슈를 자른다

티슈를 필요한 크기로 자릅니다.

다섯 종류 폭으로 잘라봅시다

여기서는 폭 2cm, 1cm, 5mm, 2mm, 1mm로 자르는 순서를 소개하겠습니다. 만들 부품의 크기에 따라서 자르는 폭도 달라집니다.

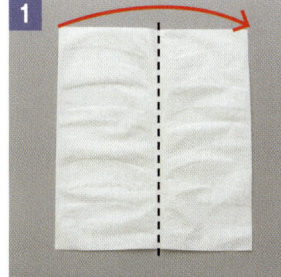

1 두 겹(p.16)을 준비해서 점선을 따라 반으로 접습니다.

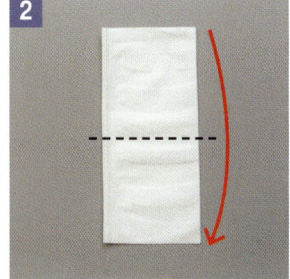

2 점선을 따라 반으로 접습니다.

3 접은 상태.

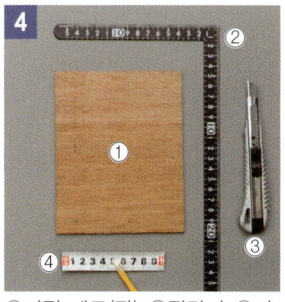

4 ①커팅 매트(판) ②직각자 ③커터 ④줄자를 준비합니다.

5 3을 커팅 매트 외에 놓고 2cm 부분에 직각자를 댑니다.

6 커터로 자릅니다. 커터를 최대한 눕혀서(칼날의 각도를 낮춰서) 잘라줍니다.

7 폭 2cm로 자른 상태.

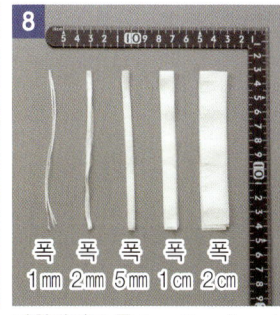

폭 1mm 폭 2mm 폭 5mm 폭 1cm 폭 2cm

8 마찬가지로 폭 1cm, 5mm, 2mm, 1mm도 잘라줍니다.

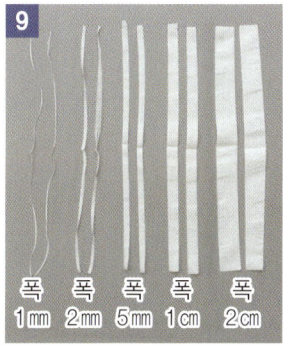

폭 1mm 폭 2mm 폭 5mm 폭 1cm 폭 2cm

9 8을 펼쳐서 늘어놓았습니다. 폭이 다른 두 겹 티슈가 각각 2개씩 만들어졌습니다.

10 9를 각각 한 겹씩 벗겨서 홑겹으로 만들어줍니다.

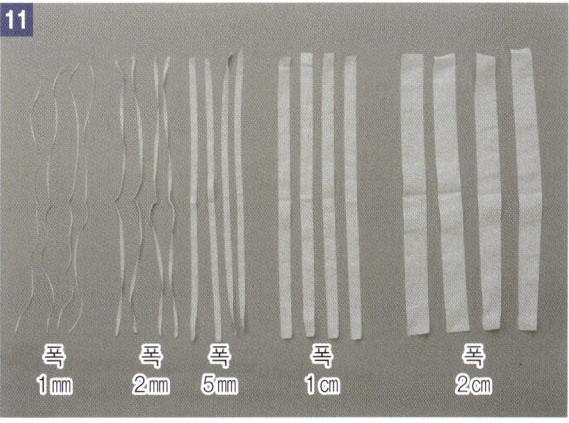

폭 1mm 폭 2mm 폭 5mm 폭 1cm 폭 2cm

11 폭이 다른 홑겹이 각각 4개씩 만들어졌습니다.

기본③ 티슈를 뭉친다

곤충의 눈 등에 사용하기 위해, 티슈를 둥글게 뭉치고 접착제로 굳혀줍니다.

티슈를 뭉치는 방법

곤충의 크기에 따라서 뭉치는 「구슬」의 크기도 달라집니다. 여기서는 지름 10㎜ 구슬을 만드는 순서를 소개합니다.

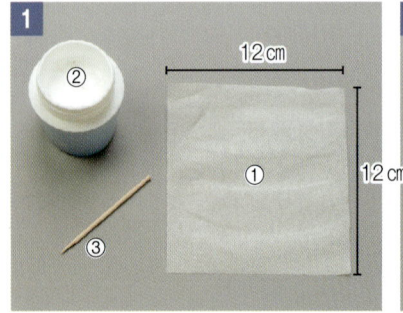

①12cm×12cm으로 자른 홑겹 ②목공용 접착제 ③이쑤시개를 준비합니다.

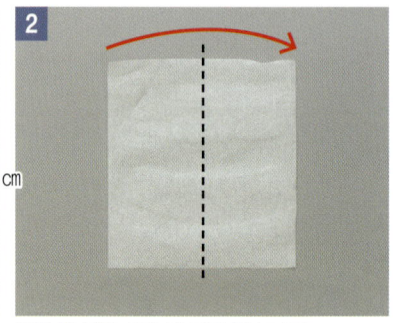

①을 점선을 따라 반으로 접습니다.

접은 상태

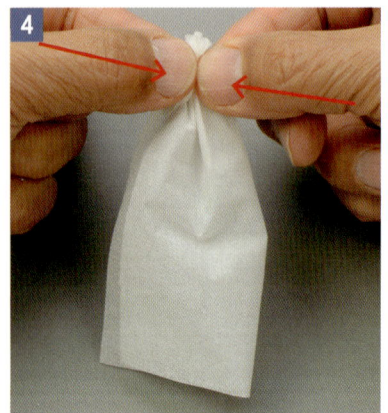

3 의 윗부분을 양쪽에서 눌러줍니다.

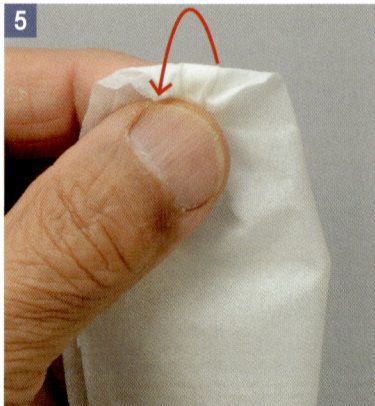

누른 부분을 사진처럼 아래로 내려줍니다.

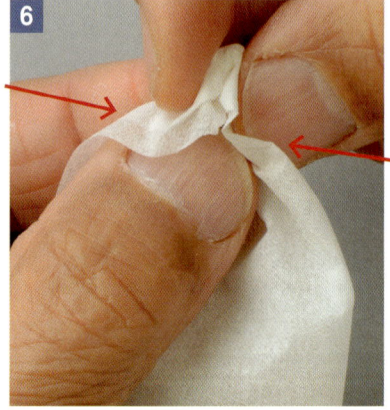

또 양쪽에서 눌러줍니다.

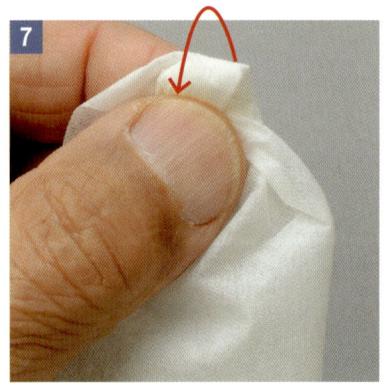

또 아래로 내려줍니다.

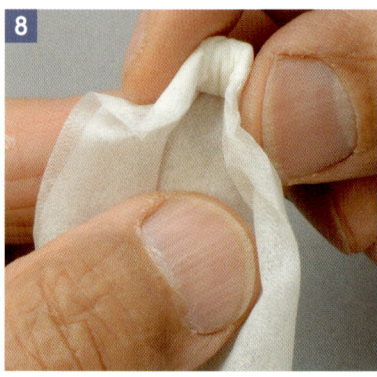

또 양쪽에서 눌러줍니다.

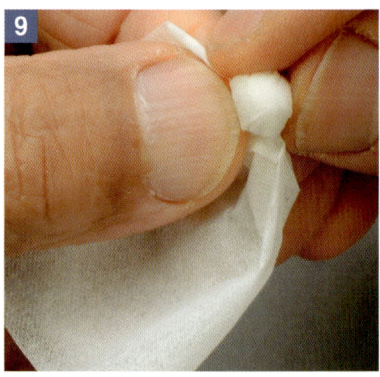

또 내려줍니다. 점점 뭉쳐지고 있습니다.

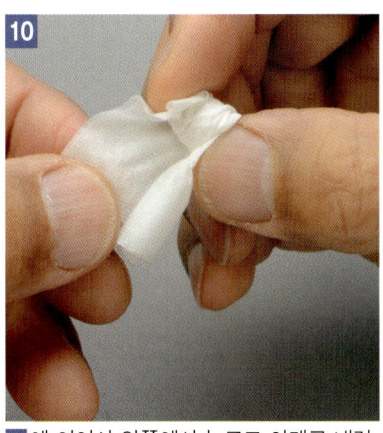

9 에 이어서 양쪽에서 누르고 아래로 내려주는 과정을 반복해 둥글게 만들어줍니다.

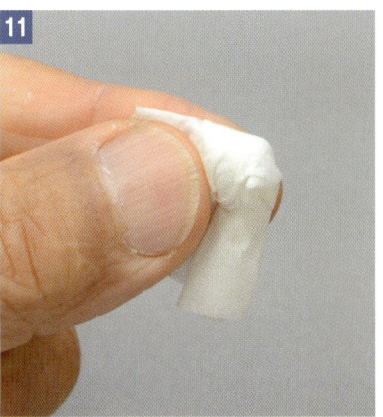

내린 상태.

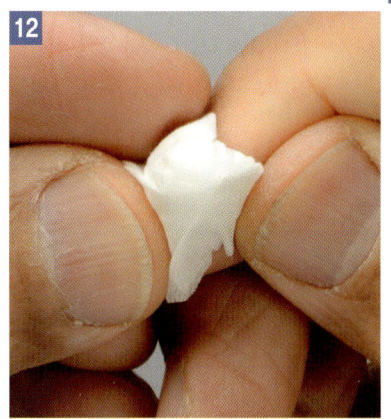

모양을 둥글게 다듬으면서 뭉쳐줍니다.

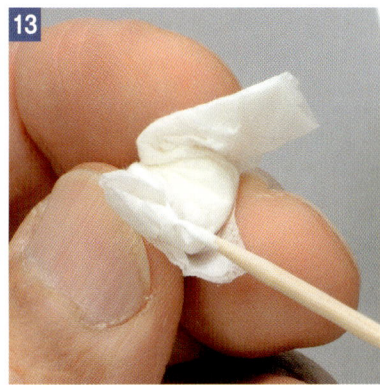

마지막에 이쑤시개로 접착제를 발라줍니다.

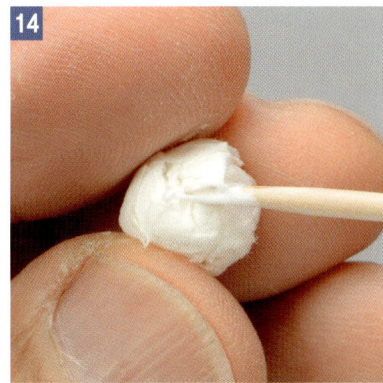

접착제를 조금씩 바르면서 뭉쳐줍니다.

구슬 모양 완성.

자로 크기를 확인합니다.

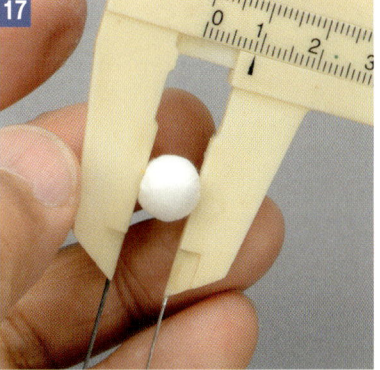

버니어 캘리퍼스(정밀 측정자)가 있으면 보다 정확하게 잴 수 있습니다.

지름 20㎜ 구슬을 만들 때는, 티슈를 여러 번 겹쳐서 크게 만들어줍니다.

★다양한 크기로 구슬을 만들어보세요

위에서는 지름 10㎜를 만드는 방법을 소개했습니다만, 곤충의 크기에 따라 다양한 크기로 만들 필요가 있습니다.
다음 페이지에서 다양한 크기로 만든 「구슬」의 실물 크기 견본이 있습니다. 참고해 주세요.

사용한 티슈(홑겹)의 크기	구슬 지름		사용한 티슈(홑겹)의 크기	구슬 지름
1 mm × 1 mm	계측 불능		4 cm × 4 cm	지름 4 mm
2 mm × 2 mm	계측 불능		5 cm × 5 cm	지름 5 mm
3 mm × 3 mm	계측 불능		8 cm × 8 cm	지름 8 mm
4 mm × 4 mm	계측 불능		10 cm × 10 cm	지름 9 mm
5 mm × 5 mm	계측 불능		12 cm × 12 cm	지름 10 mm
1 cm × 1 cm	지름 1 mm		13 cm × 13 cm	지름 11 mm
1.5 cm × 1.5 cm	지름 2 mm		15 cm × 15 cm	지름 12 mm
2 cm × 2 cm	지름 2.5 mm		16 cm × 16 cm	지름 13 mm
2.5 cm × 2.5 cm	지름 3 mm		18 cm × 18 cm	지름 14 mm
3 cm × 3 cm	지름 3.5 mm		20 cm × 20 cm	지름 15 mm

홑겹 티슈를
2장 겹쳤을 때

지름 20㎜ 구슬

홑겹 티슈를
4장 겹쳤을 때

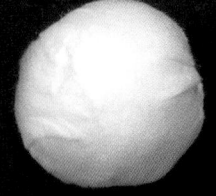

지름 25㎜ 구슬

홑겹 티슈를
6장 겹쳤을 때

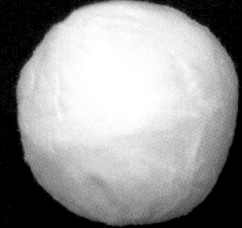

지름 30㎜ 구슬

기본④ 티슈를 꼰다

곤충의 다리 등에 사용하기 위해, 티슈를 꼬고 접착제로 굳혀줍니다.

티슈를 꼬는 순서

곤충의 크기에 따라서 꼬아서 만드는 끈의 크기도 달라집니다. 여기서는 폭 10㎜ 티슈로 만듭니다.

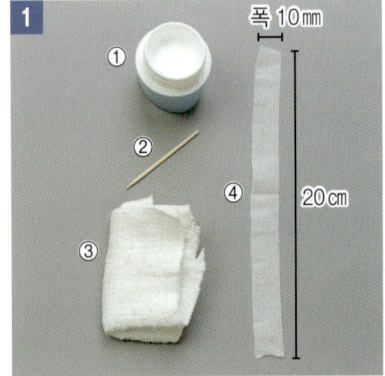

①목공용 접착제 ②이쑤시개 ③물수건 ④ 폭 10mm(길이 대략 20cm)의 홑겹을 준비합니다.

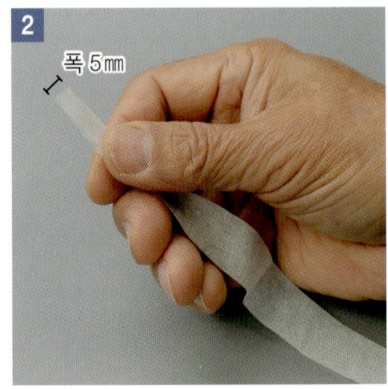

④를 사진처럼 오른손으로 들고(오른손잡이의 경우) 끝을 반으로 접어서 폭 5mm로 만듭니다.

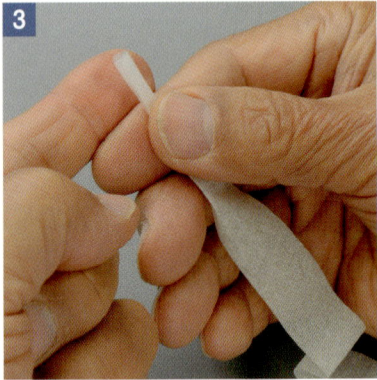

2의 끝을 집게손가락에 얹습니다.

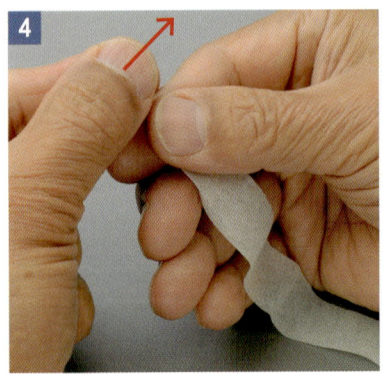

왼손 집게손가락과 엄지손가락 사이에 끼우고, 엄지손가락을 화살표 방향으로 밀면서 꼬아줍니다.

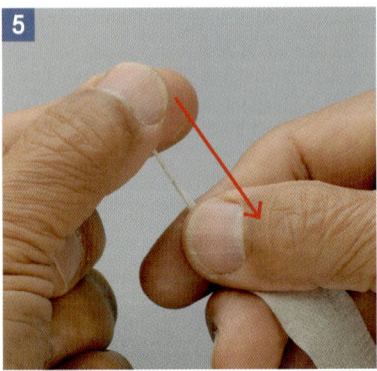

한 번 꼰 뒤에 그대로 오른손을 손가락 하나 만큼 아래로 내립니다.

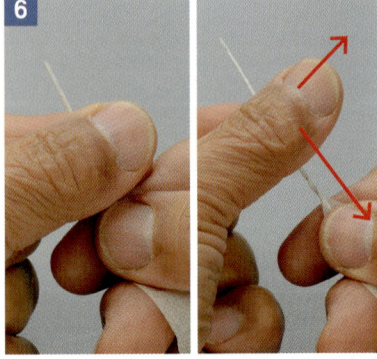

다시 왼손 집게손가락과 엄지손가락 사이에 끼우고 **4**~**5**를 반복합니다.

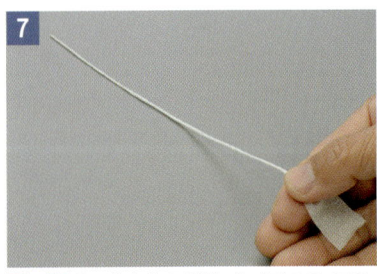

4~**6**을 반복해서 왼쪽 손가락으로 모양을 다듬어가며 꼬아주면 끈이 완성. 여러 번 연습해보세요.

7에 접착제를 발라서 굳혀줍니다. 먼저 왼손 집게손가락에 접착제를 조금 발라줍니다.

7의 밑동에 접착제를 댑니다.

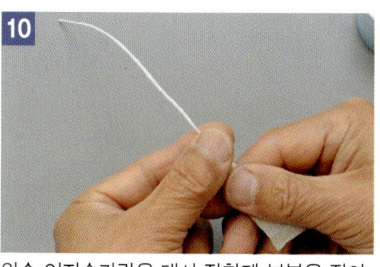

10 왼손 엄지손가락을 대서 접착제 부분을 잡아줍니다.

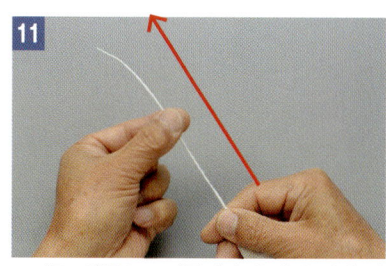

11 그대로 위쪽으로 비틀면서 쓸어 올려서 접착제를 끈 전체에 발라줍니다.

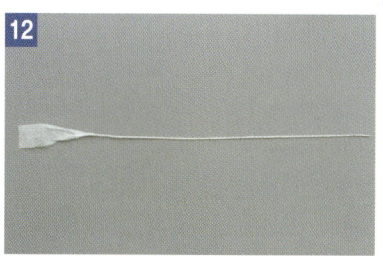

12 접착제를 바르고 비틀어주면 단단해져서 곤충의 부품으로 쓸 수 있게 됩니다.

13 이번에는 폭 1mm(길이 약 20cm)의 홑겹으로 끈을 만들겠습니다.

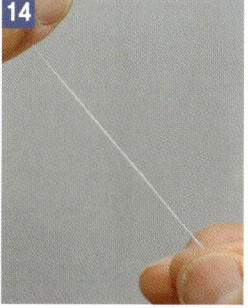

14 **2**~**7**과 마찬가지로 꼬아서 끈을 만듭니다. 가늘고 끊어지기 쉬우니 신중하게.

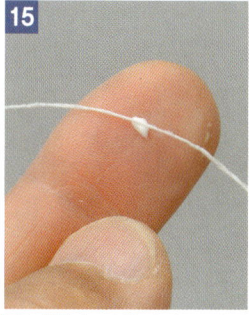

15 **8**~**11**과 마찬가지로 접착제로 굳혀줍니다. 접착제 양은 아주 조금.

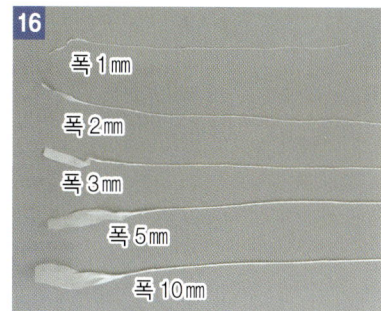

16 같은 방법으로 다양한 폭의 홑겹으로 끈을 만들어보세요(손가락에 묻은 접착제는 물수건으로 닦아주세요).

폭 1mm
폭 2mm
폭 3mm
폭 5mm
폭 10mm

지름 2mm 이상의 끈을 만들 경우

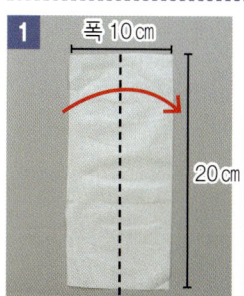

1 폭 10cm / 20cm
여기서는 폭 10cm의 두 겹(길이 20cm)을 사용합니다. 점선을 따라 반으로 접으세요.

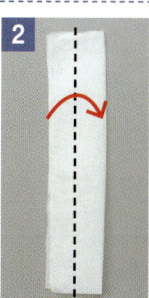

2 점선을 따라 반으로 접으세요.

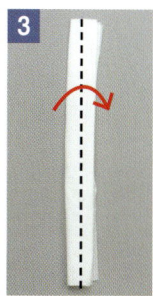

3 또 점선을 따라 반으로 접으세요.

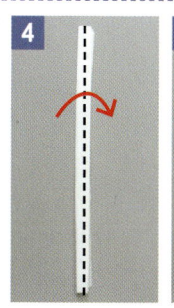

4 또 점선을 따라 반으로 접으세요.

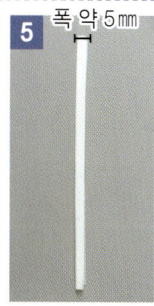

5 폭 약 5mm
접은 모습. 폭 5mm 정도가 됐습니다.

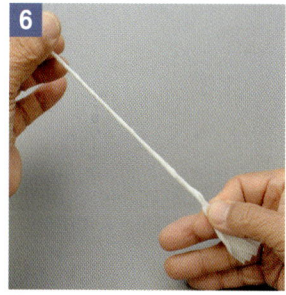

6 **5**를 p.22 **2**~**7**과 같은 방법으로 꼬아줍니다(약 3mm 지름이 되도록).

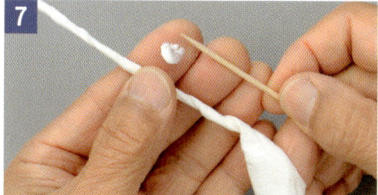

7 접착제를 많이 바릅니다. 여러 번 나눠서 발라주세요.

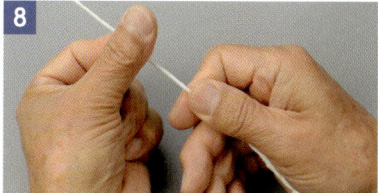

8 접착제를 펴 바르는 것처럼, 끈을 당기면서 비틀어줍니다.

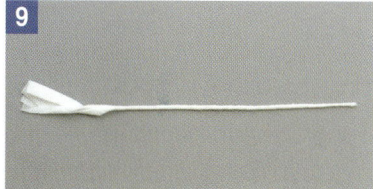

9 지름 2mm의 끈이 완성됐습니다.

★다양한 크기로 끈을 만들어보세요

곤충의 크기에 따라 다양한 크기의 끈을 만들 필요가 있습니다.
다음 페이지에 다양한 크기의 「끈」 실물 크기 견본이 있으니 참고해 주세요.

‖ 티슈 「끈」 크기 일람① (실물 크기) ~지름 1㎜

원래 티슈(홑겹) 폭

완성된 끈

1㎜

2㎜

4㎜

5㎜

8㎜

1㎝

1.5㎝

2㎝

2.5㎝

3㎝

4㎝

5㎝

지름 1㎜

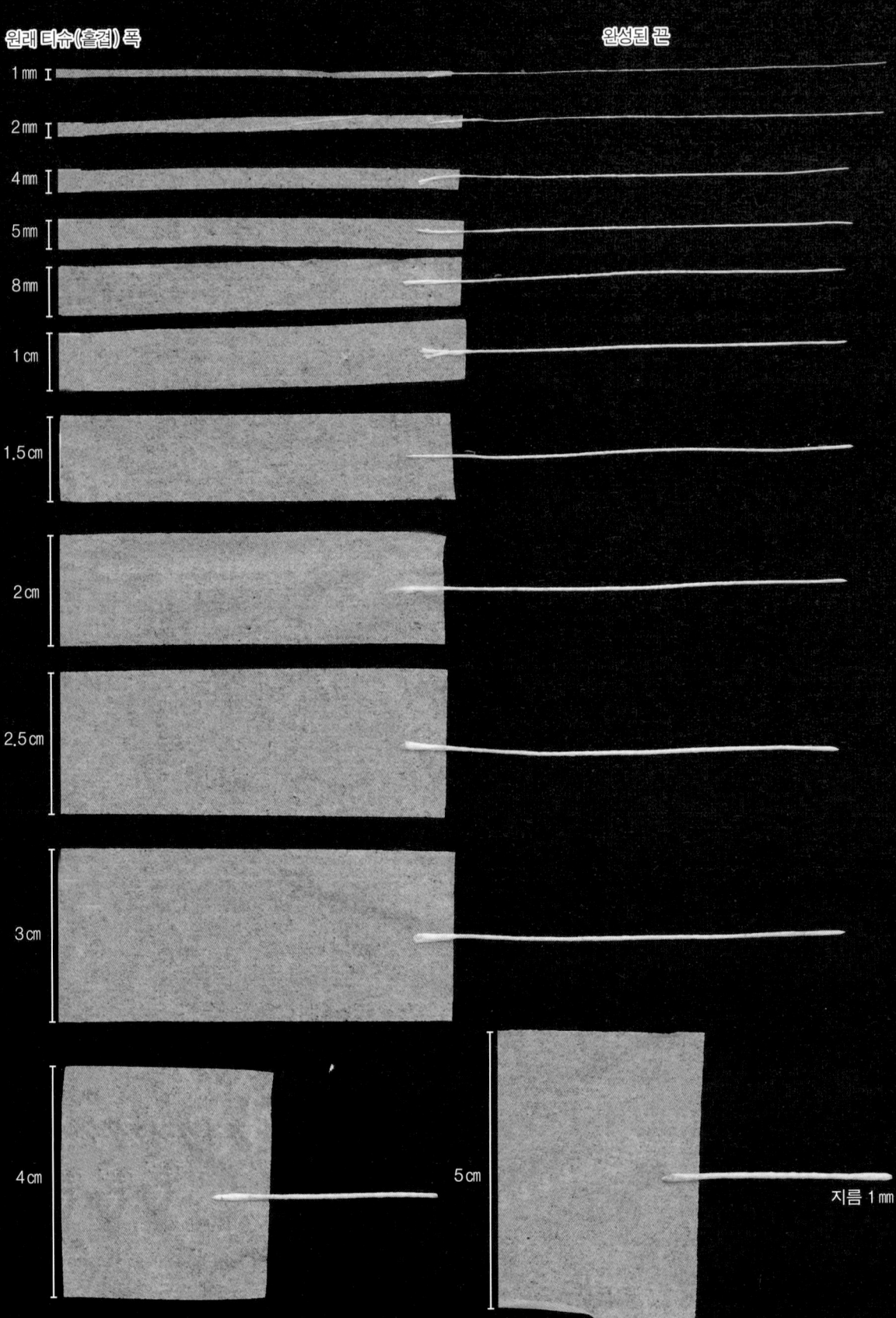

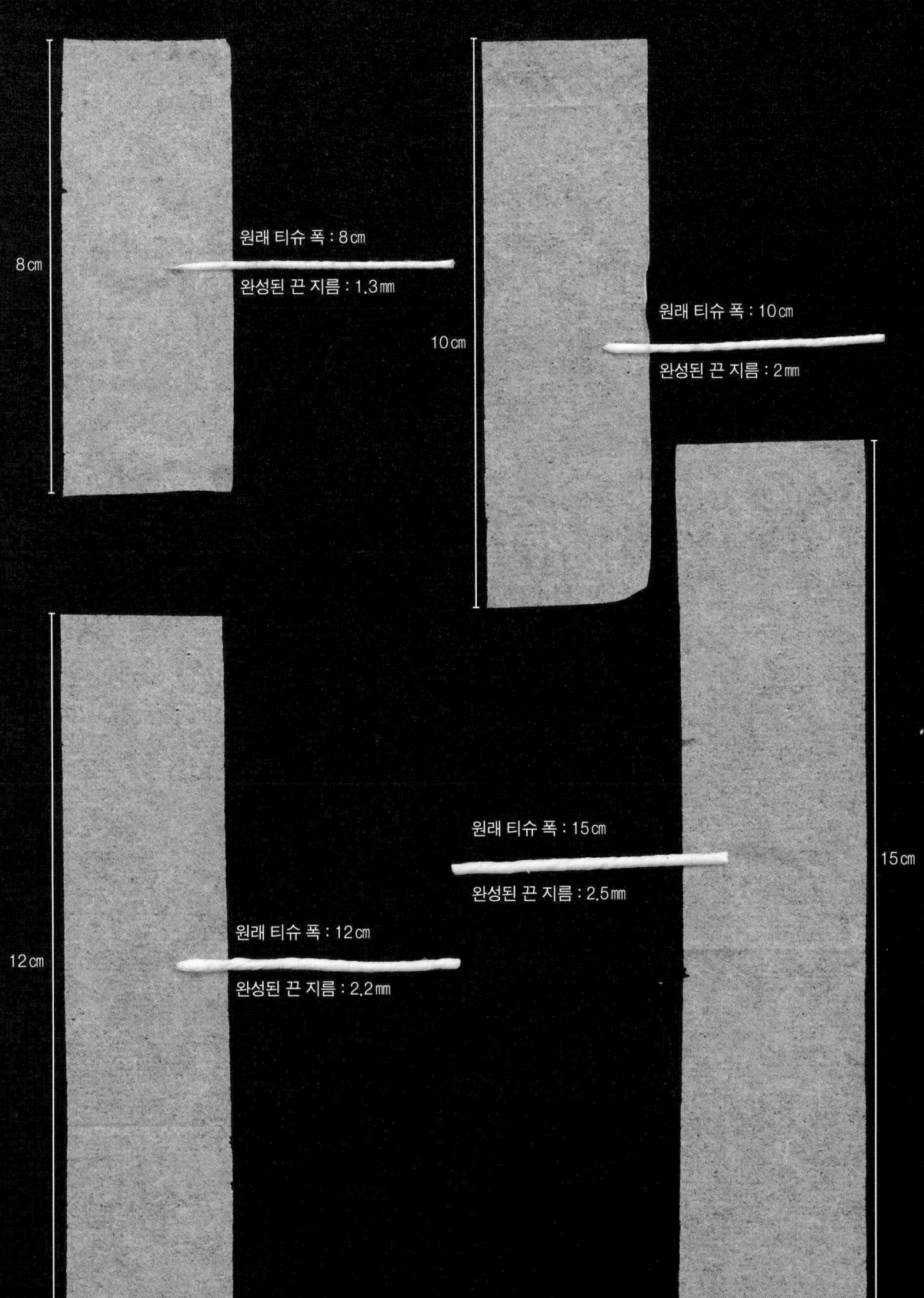

8 ㎝

원래 티슈 폭 : 8 ㎝

완성된 끈 지름 : 1.3 ㎜

10 ㎝

원래 티슈 폭 : 10 ㎝

완성된 끈 지름 : 2 ㎜

원래 티슈 폭 : 15 ㎝

완성된 끈 지름 : 2.5 ㎜

15 ㎝

원래 티슈 폭 : 12 ㎝

완성된 끈 지름 : 2.2 ㎜

12 ㎝

기본⑤ 티슈에 접착제를 먹인 두꺼운 종이 만들기

티슈를 접착제로 굳혀서 두꺼운 종이를 만듭니다. 겹치는 티슈의 숫자에 따라 두께가 달라집니다. 두꺼운 종이는 곤충의 두꺼운 몸이나 날개, 부품 등에 사용합니다.

쟁반을 이용해서 접착제를 먹이자

곤충의 부위에 따라서 사용하는 재료의 두께도 달라집니다. 두께를 조절하려면 접착제로 티슈를 굳힐 때, 겹치는 티슈의 장수를 바꿔줍니다. 아래는 두 겹 티슈를 사용해서 접착제를 먹이는 순서입니다.

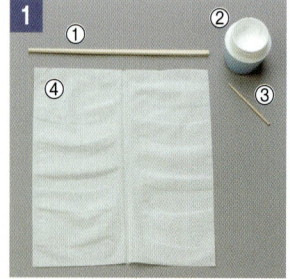

①나무젓가락 ②목공용 접착제 ③이쑤시개 ④두 겹 티슈를 준비합니다.

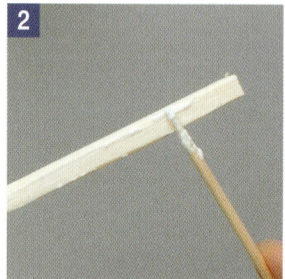

나무젓가락 한쪽 면에 접착제를 바릅니다.

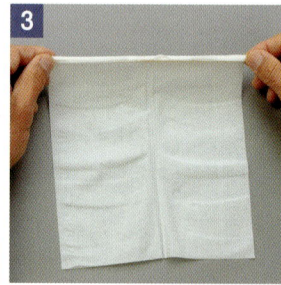

티슈 끝을 사진처럼 **2**에 붙여 줍니다.

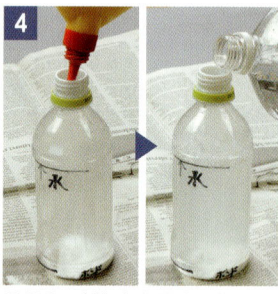

목공용 접착제와 물을 약 1:20의 비율로 섞어줍니다.

4를 쟁반에 5mm 정도 깊이로 따라줍니다.

3을 쟁반 위쪽에서 아래쪽 방향으로 살며시 담가 적셔줍니다.

담그는 중. 주름지지 않도록 천천히 당겨주세요.

담그는 중(거의 끝난 상태). 홑겹일 때는 구겨지기 쉬우니 조심하세요.

전부 적셨으면 사진처럼 들어서 남는 물기를 털어줍니다.

바람이 잘 통하는 곳에서 말립니다.

※이 책에서는 티슈「두 겹」에 접착제를 먹여 굳힌 것을 「접착지(두 겹)」, 티슈「네 겹」에 접착제를 먹여 굳힌 것을 「접착지(네 겹)」이라고 하겠습니다.

▶ 마르면 다림질

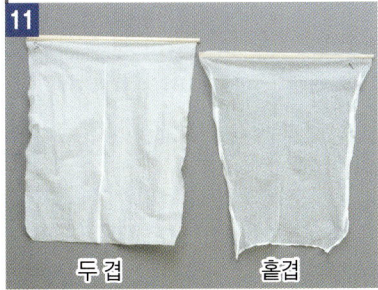

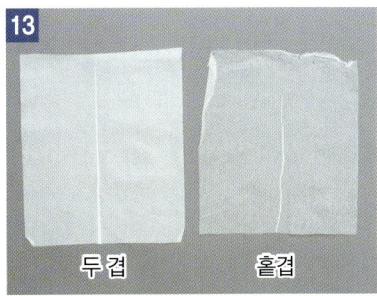

10 이 마른 모습. 오른쪽은 홑겹을 적셔서 말린 것.

11 에 다림질을 합니다. 스팀을 끄고, 너무 높지 않은 온도로 한쪽 방향으로만 움직여 주세요.

나무젓가락을 제거하면 접착지가 완성.

‖ 숟가락을 이용해서 접착지를 만들자

장수풍뎅이 날개를 만들 때는 숟가락으로 접착지를 만듭니다.

①두 겹 티슈를 두 번 접은 것 ②숟가락 ③ 희석한 목공용 접착제를 분무기에 넣어서 준비해주세요.

①을 숟가락의 볼록한 면에 얹어서 살짝 싸 줍니다.

살짝 싼 상태.

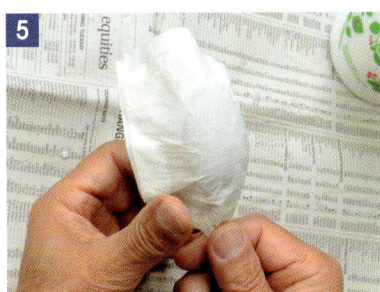

3 에 ③의 분무기로 뿌려줍니다.

바로 티슈를 당기면서 모양을 잡아줍니다.

③의 분무기를 더 뿌려줍니다.

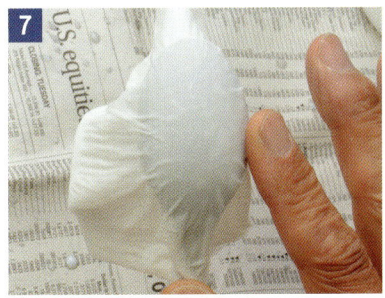
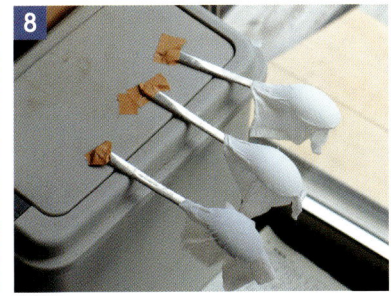
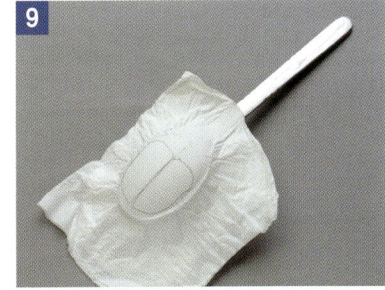

또 모양을 다듬어줍니다.

바람이 잘 통하는 곳에서 말립니다.

마르면 장수풍뎅이 날개로 사용합니다 (p.101).

기본⑥ 티슈에 바니시를 먹인 투과지 만들기

이번에는 티슈를 바니시(니스)로 굳혀서 투과지를 만듭니다. 이쪽도 티슈를 겹치는 숫자에 따라서 투과지의 두께가 달라집니다. 투과지는 곤충의 투명한 날개 등에 사용합니다.

쟁반을 이용해서 투과지를 만들자

곤충의 부위에 따라서 사용하는 투과지의 두께도 달라집니다. 두께를 바꾸려면 바니시로 티슈를 굳힐 때, 겹치는 티슈의 숫자를 바꿔줍니다. 아래는 티슈 홑겹과 두 겹 두 종류로 투과지를 만드는 순서입니다.

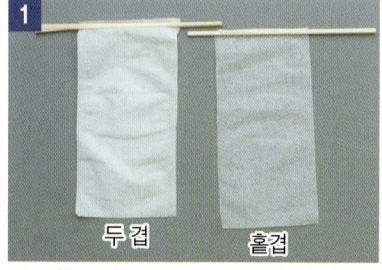
두 겹(홑겹을 반으로 접은 것)과 홑겹(반으로 자른 것)을 나무젓가락에 붙여줍니다.

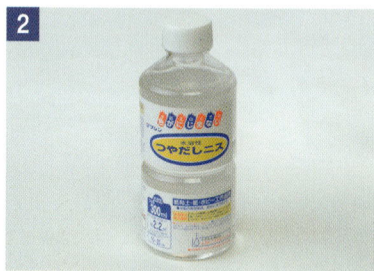
바니시를 준비합니다.

2 를 쟁반에 5mm 정도 깊이로 따라줍니다.

1 을 쟁반 위에서 아래쪽을 향해 당기면서 적셔줍니다. **4** ~ **6** 까지 재빨리 처리합니다.

적시는 중(거의 끝난 상태). 두 겹은 특히 주의해서, 재빨리 적십니다.

전부 적셨으면 사진처럼 들어서 남는 바니시를 털어줍니다.

바람이 잘 통하는 곳에서 말립니다.

다 마르면 다림질(접착지보다 낮은 온도로 설정해서 한쪽 방향으로만)을 하고 나무젓가락을 제거합니다.

투과지 완성. 투과지는 곤충의 투명한 날개 등에 사용합니다(p.88).

※이 책에서는 티슈 「홑겹」에 바니시를 먹여 굳힌 것을 「투과지(홑겹)」, 티슈 「두 겹」에 바니시를 먹여 굳힌 것을 「투과지(두 겹)」이라고 하겠습니다.

접착지(홑겹)

접착지(두 겹)

접착지(네 겹)

접착지(여섯 겹)

투과지(홑겹)

투과지(두 겹)

투과지(세 겹)

기본⑦ 채색

티슈 곤충은 마지막에 수채 물감으로 채색해서 완성합니다. 실제 곤충이나 도감 등을 참고하여 최대한 실물과 비슷한 색을 찾아서 칠해줍니다.

수채 물감을 준비합니다. 곤충에 따라 사용하는 색이 다릅니다.

실물과 비슷한 색이 되도록 여러 번 칠해줍니다.

물감이 마르면 필요한 부분에 바니시를 칠해서 완성합니다.

✔실제 곤충을 보고 도면을 그리자

이 책에 게재된 곤충 도면은 전부 제가 진짜 곤충을 관찰해서 사실에 충실하게 그린 것들입니다. 티슈 곤충을 만들 때 크기와 모양에 참고해 주세요.

실제 곤충을 표본으로 삼아 정확한 크기를 잽니다.

도면을 그립니다.

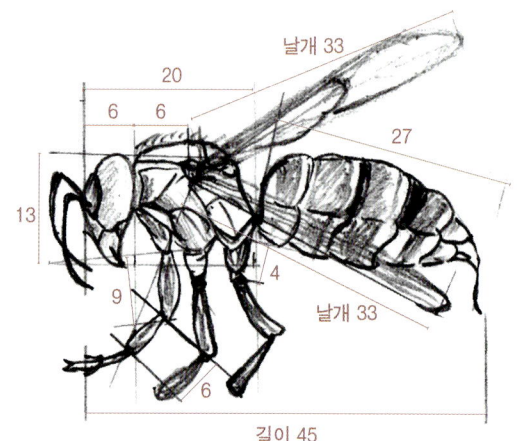

Part 2

티슈 곤충을
만들어보자

풍뎅이 ▶ 티슈 곤충의 기본 「풍뎅이」부터 만들어봅시다

Step

00 풍뎅이의 도면과 설명

풍뎅이

풍뎅이는 길이 3㎝, 폭 1.5㎝ 정도로, 곤충 중에서는 중간 정도의 크기입니다. 몸과 머리를 따로 만들지 않아도 된다는 점에서 티슈 곤충을 처음 만드는 분께 추천해 드립니다. 천천히, 즐기면서 만들어보세요.

위

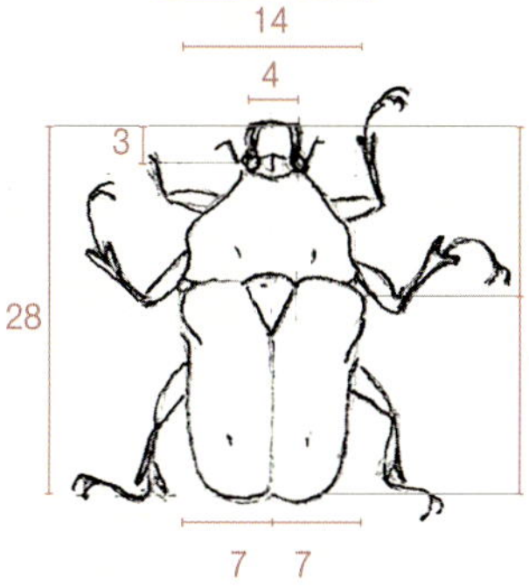

14
4
3
12
28
16
7　7

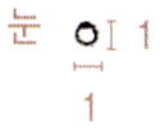

눈　1
1

아래

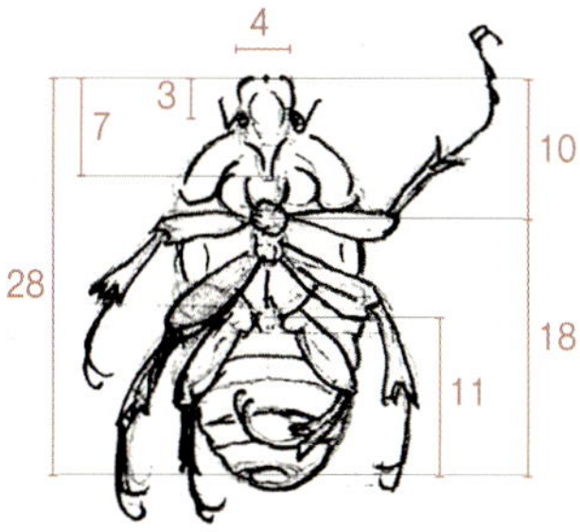

4
7　3
28
10
18
11

옆

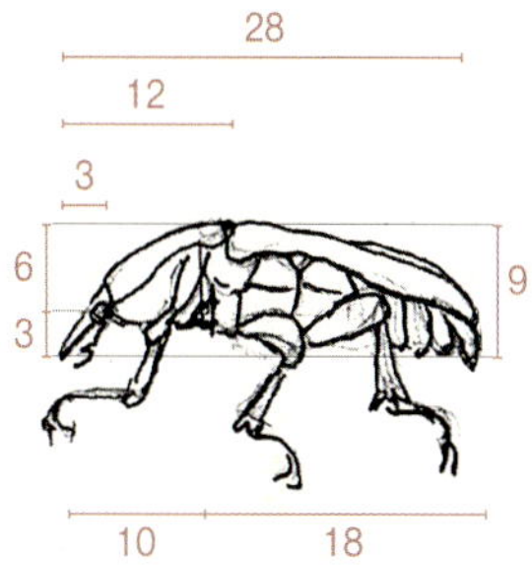

28
12
3
6
3
9
10　18

뒤

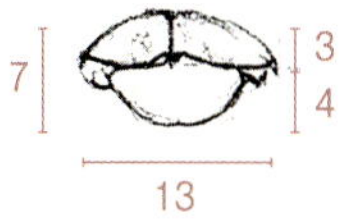

7
3
4
13

앞다리

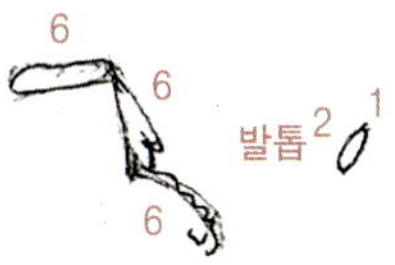

6
6
6
발톱 2　1

가운뎃다리

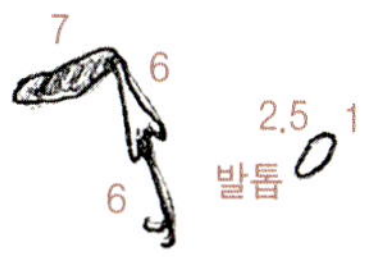

7
6
6
발톱 2.5　1

뒷다리

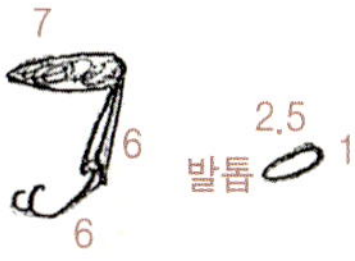

7
6
6
발톱 2.5　1

머리

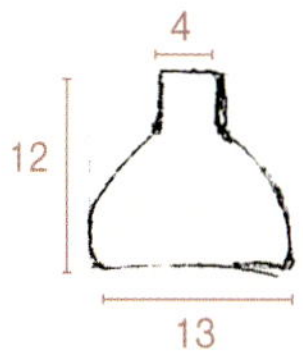

4
12
13

윗날개

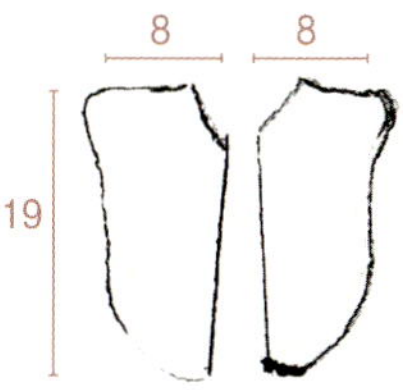

8　8
19

다리 위치

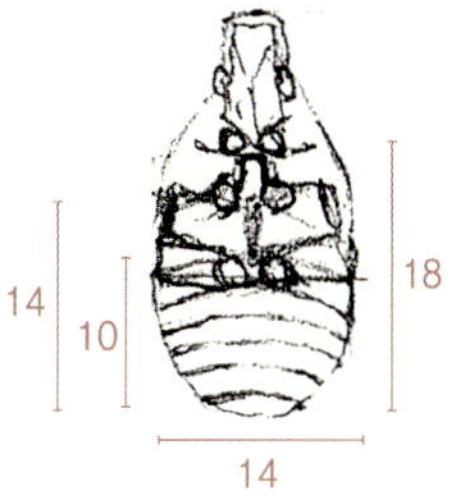

14
10
18
14

다리 위치

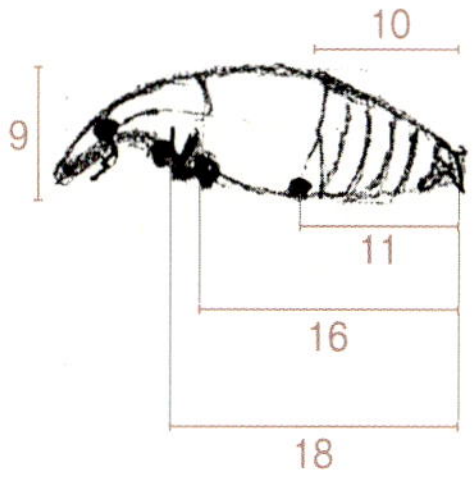

10
9
11
16
18

소순판

3

배판

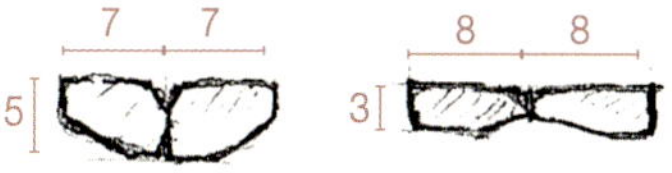

7　7
5

8　8
3

※도면 : 실물 크기. 치수는 대략적인 것입니다(단위 : ㎜).

먼저 몸의 토대를 만듭니다. 풍뎅이가 어떤 모양을 하게 될지, 그 기초를 정하는 과정이니 꼼꼼하게 만들어
주세요. 접착제를 사용할 때는 조금씩 발라가며 사용하는 것이 요령입니다.

▶ 티슈를 접어주자

몸의 토대를 만듭니다. 두 겹 티슈를 벗겨서
그 중에 하나(홑겹)을 사용합니다.

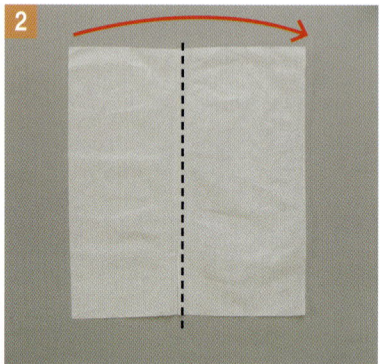

1 의 홑겹을 그림의 점선을 따라 반으로 접
어줍니다.

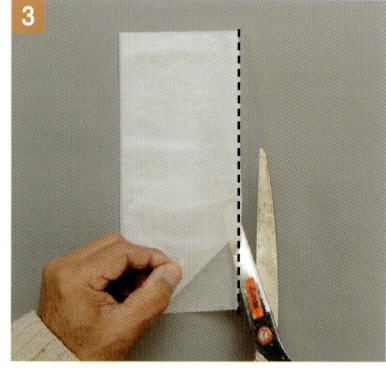

접은 뒤에 점선 부분을 가위로 잘라주세요.

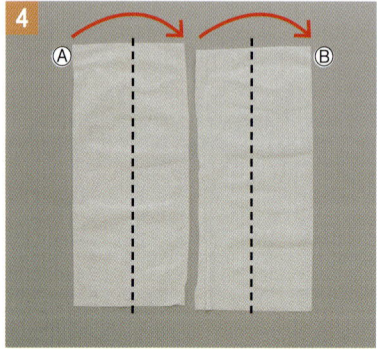

자른 뒤에 점선을 따라 반으로 접어줍니다.

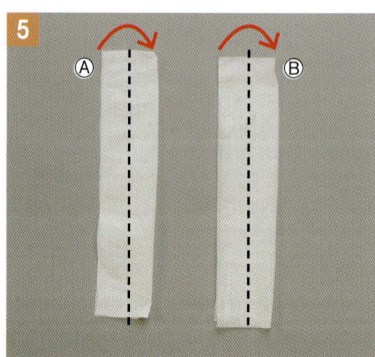

한 번 더 점선을 따라 반으로 접어주세요.

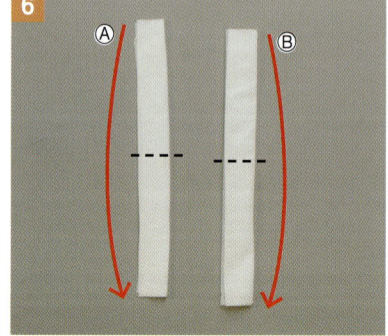

점선을 따라 반으로 접어줍니다.

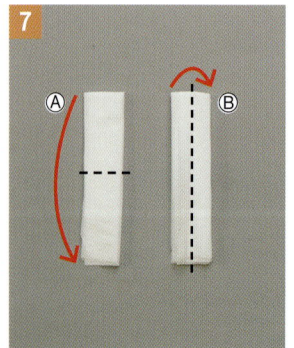

Ⓐ와 Ⓑ를 각각 점선을 따라 반으로 접어줍니다.

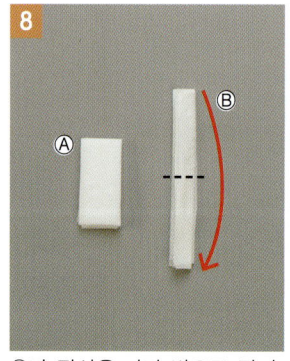

Ⓑ만 점선을 따라 반으로 접어줍니다.

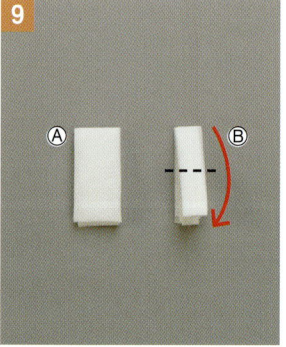

Ⓑ만 점선을 따라 반으로 접어줍니다.

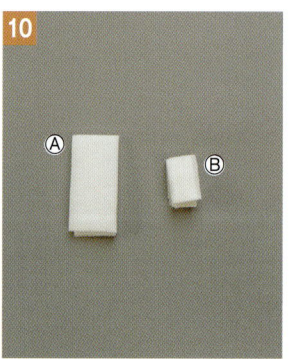

다 접은 상태.

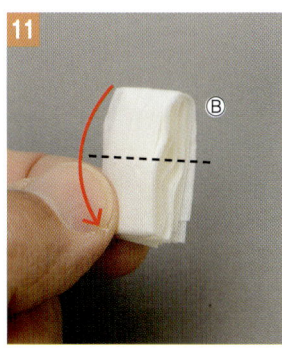
Ⓑ를 사진처럼 들고 점선을 따라 반으로 접어줍니다.

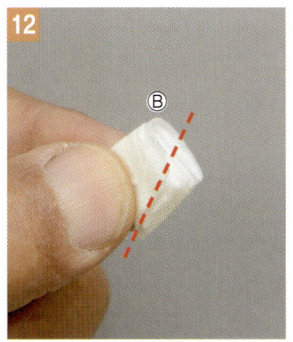
접은 뒤에 점선을 따라 잘라주세요.

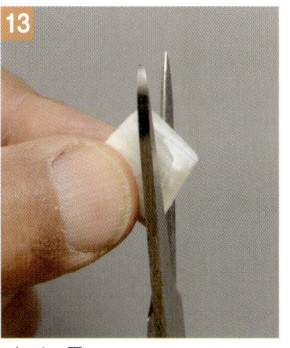
자르는 중.

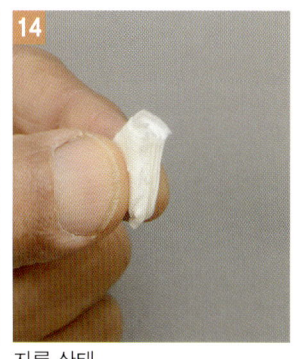
자른 상태.

▶ 접착제를 바르자

목공용 접착제를 이쑤시개 끝에 바릅니다.

이 정도 양이면 됩니다.

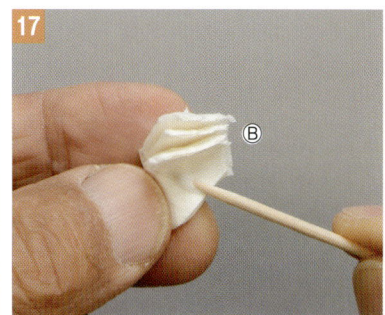
Ⓑ를 벌리고 사이에 접착제를 발라주세요.

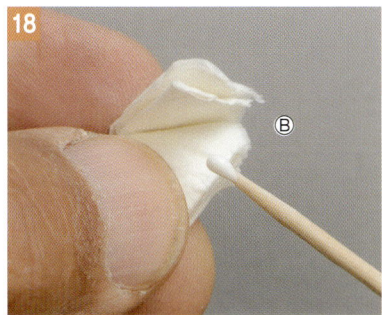
한 장씩 벌려서 발라줍니다.

다 바른 상태.

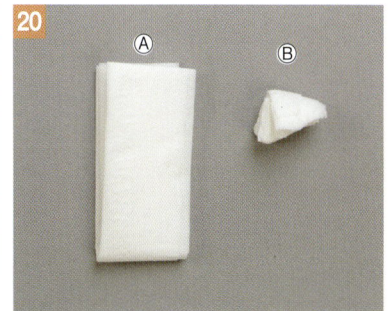
Ⓐ와 Ⓑ가 준비됐습니다.

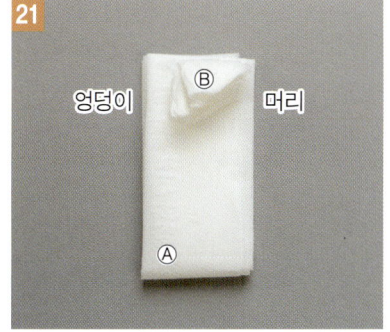
엉덩이   Ⓑ   머리

Ⓐ
Ⓐ 위에 Ⓑ를 얹어줍니다. 왼쪽이 엉덩이 쪽입니다. Ⓑ를 얹는 방향에 주

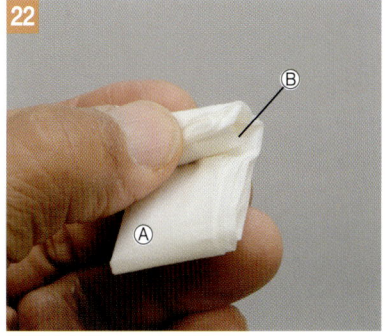
Ⓐ로 Ⓑ를 감아줍니다.

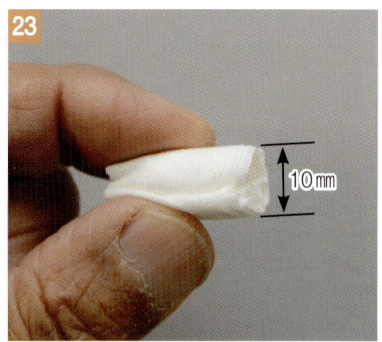
지름 10mm 정도가 될 때까지 감아주세요.

24

머리

마지막에 접착제를 발라줍니다.

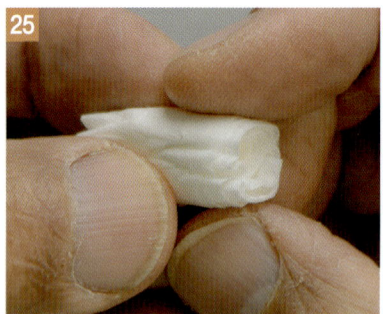

25

손가락으로 눌러서 접착합니다.

26

접착한 곳

엉덩이

접착한 상태.

▶ 모양을 만들자 ①

27

엉덩이

26 의 엉덩이 쪽 안에 접착제를 발라주세요.

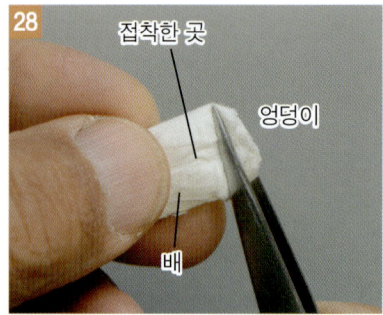

28

접착한 곳

엉덩이

배

접착한 곳이 배가 되도록 핀셋으로 잡으면서 접착합니다.

29

엉덩이

배

손가락으로 엉덩이 모양을 둥글게 다듬어줍니다. 접착제가 마르기 전에 다듬어주세요.

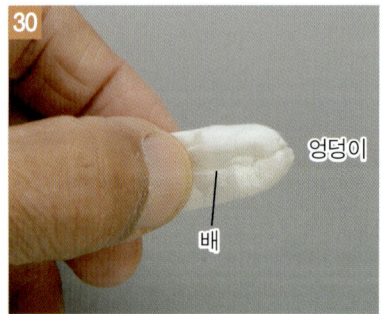

30

엉덩이

배

다듬은 상태.

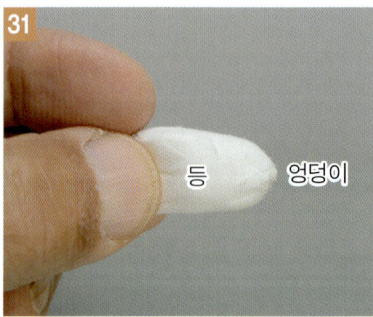

31

등

엉덩이

등 쪽에서 본 모습.

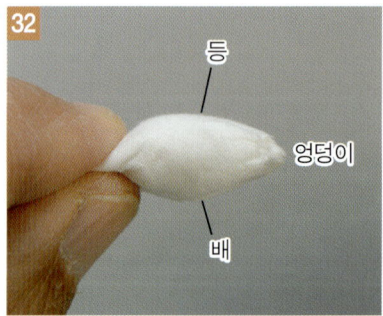

32

등

엉덩이

배

옆에서 봤을 때.

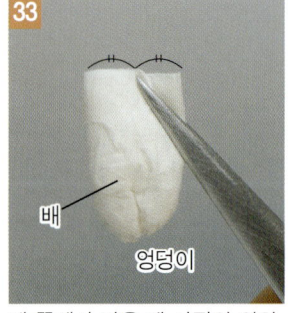

33

배

엉덩이

배 쪽에서 봤을 때 사진의 위치 (중심)를 핀셋으로 잡아줍니다.

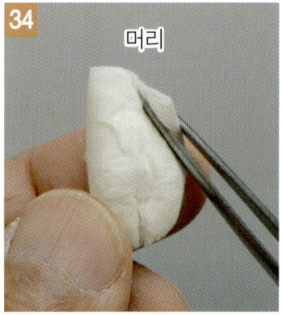

34

머리

핀셋으로 접어 머리 모양을 만들어줍니다.

35

머리

반대쪽도 똑같이 접어줍니다.

36

머리

접은 선에 접착제를 발라줍니다.

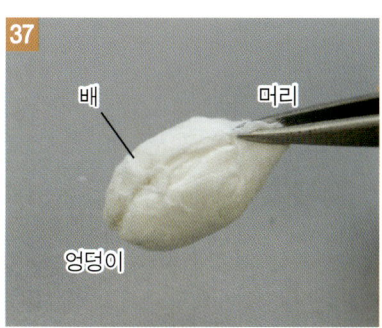

배
머리
엉덩이

핀셋으로 잡아서 접착합니다.

머리
배
엉덩이

접착한 상태.

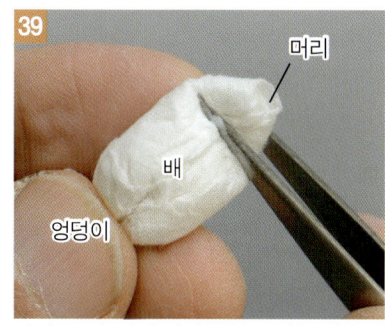

머리
배
엉덩이

핀셋으로 눌러서 머리 부분 모양을 잡아줍니다.

머리
엉덩이

옆에서도 잡아서 머리 모양을 만들어줍니다.

등
머리
엉덩이
배

옆에서도 보며 확인해주세요.

머리
등
엉덩이

등 쪽에서 본 모습. 점점 풍뎅이 모습이 잡혀 갑니다.

▶ 모양을 만들자 ②

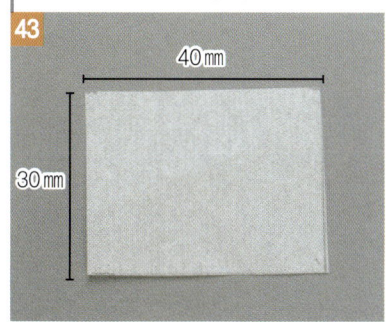

40㎜
30㎜

몸을 접착지로 감아줍니다. 30×40㎜의 접착지(두 겹)을 준비합니다.

전체에 접착제를 발라줍니다.

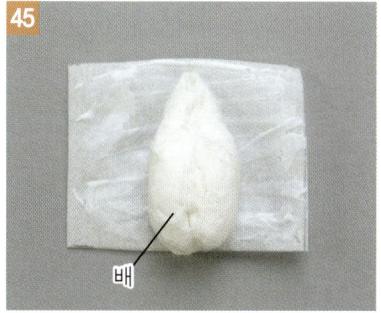

배

44 에 **42** 의 배가 위쪽으로 가게 올려줍니다.

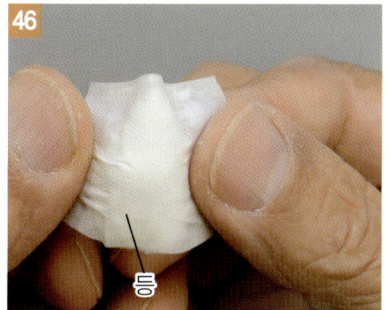

등

살짝 주름을 펴주면서 천천히 감싸줍니다.

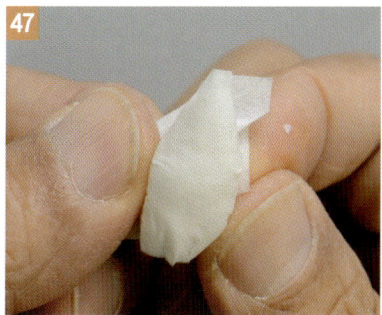

뒤쪽까지 감싸줍니다.

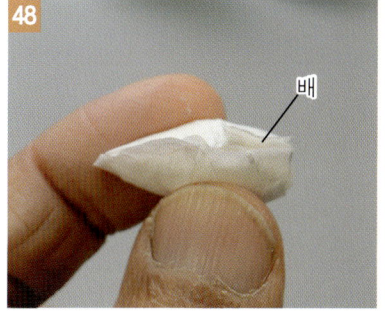

배

배 쪽에서 만나게 합니다. 배 쪽에서 본 모습.

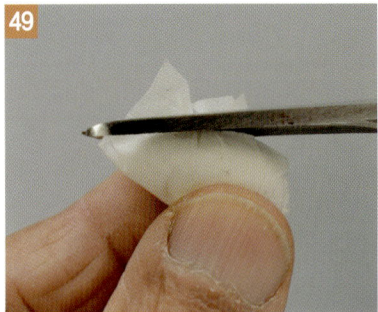

49

남는 부분을 가위로 잘라줍니다.

50

머리
배
엉덩이

자른 모습.

51

머리
배
엉덩이

핀셋으로 모양을 다듬어서 **42**의 형태가 되게
해줍니다.

52

머리
배
엉덩이

핀셋으로 다시 한 번 머리 모양을 만들어줍니
다.

53

머리

머리끝을 핀셋으로 집어서 층을 만들어줍니
다.

54

층
머리
층

반대쪽도 똑같이 층을 만들어주세요.

55

머리
배
엉덩이

층을 만든 모습.

56

도면대로 만들어졌는지 자로 재서 확인하
세요.

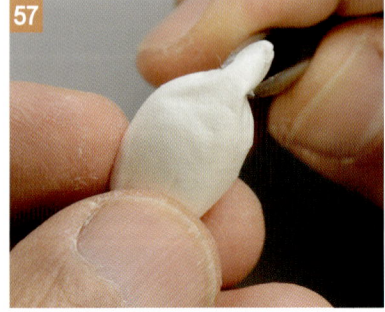

57

마지막으로 한 번 더, 핀셋과 손가락으로
모양을 다듬어줍니다.

58

머리
등
엉덩이

등 쪽에서 본 모습.

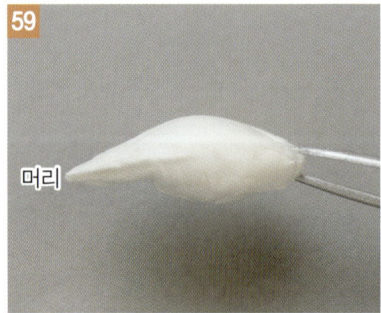

59

머리

옆에서 본 모습.

60

엉덩이
배
머리

몸의 토대 완성.

Step 02 등과 배의 마디를 만들자

몸의 토대를 만들었으면, 배와 등의 마디 디테일을 만들어보겠습니다. 마디는 숟가락(넙적한 사각 숟가락이 좋습니다) 뒷면에 사인펜 등으로 중심선을 그려두면 편리합니다. 도면을 옮겨 그릴 때는 연필 끝을 최대한 가늘게 깎아주세요. 접착제를 바르기 전에 반드시 부품들을 맞춰보는 확인 과정을 거쳐주세요.

▶ 등과 배의 마디를 준비하자

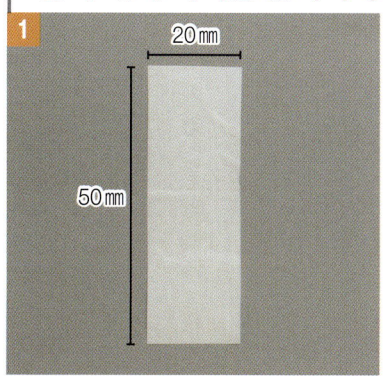
등과 배의 마디를 만듭니다. 50×20mm 접착지(네 겹)를 준비하세요.

가운데에 연필로 선을 그어줍니다.

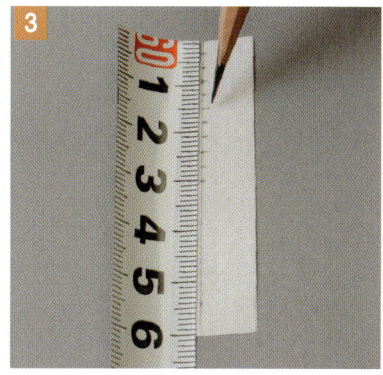
3mm 간격으로 표시해주세요.

표시는 열 곳 이상을 해줍니다.

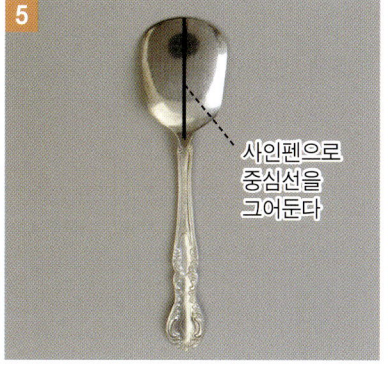
아이스크림용으로 판매하는 사각 숟가락을 준비합니다.

숟가락의 선을 4의 표시에 맞춰줍니다.

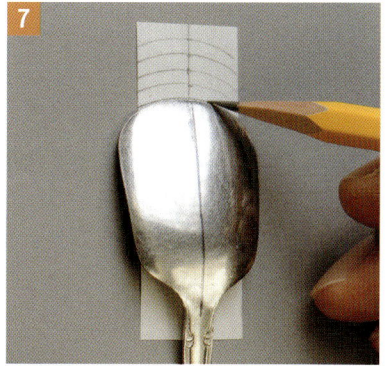
숟가락 커브를 따라서 선을 그어주세요(숟가락이 없으면 손으로 엇비슷하게).

커브는 7개, 직선은 4개 이상, 사진처럼 그려주세요.

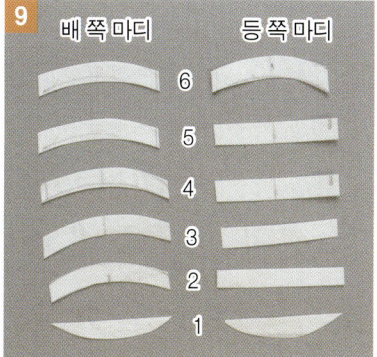
연필 선을 따라 사진처럼 잘라주세요. 배 쪽과 등 쪽의 마디가 완성됐습니다. 2~5의 모양이 다른 데 주의.

▶ 마디를 등과 배에 붙이자

몸의 토대 배 쪽에 마디를 붙이겠습니다. 접착제를 발라줍니다.

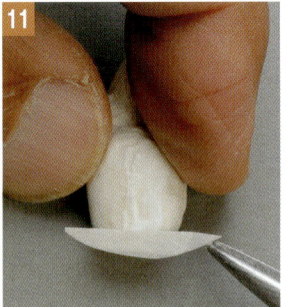

첫 번째 마디를 붙입니다.

몸의 곡선에 맞춰서 가위로 조금씩 다듬어줍니다.

첫 마디

접착제

다듬은 모습. 중심에 접착제를 조금 바릅니다.

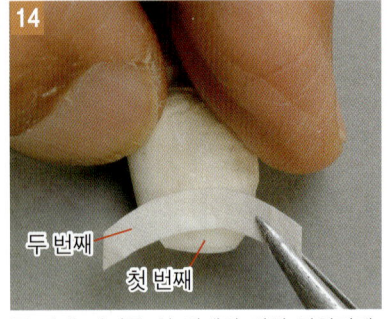

두 번째

첫 번째

두 번째 마디를 첫 번째와 살짝 겹쳐지게 붙여줍니다.

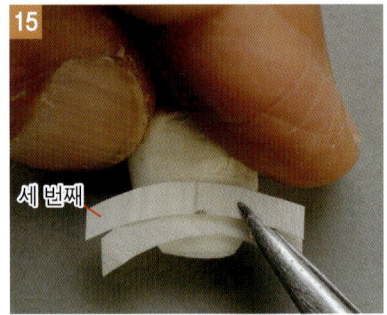

세 번째

세 번째도 똑같이 붙여줍니다.

여섯 장 모두 붙인 상태.

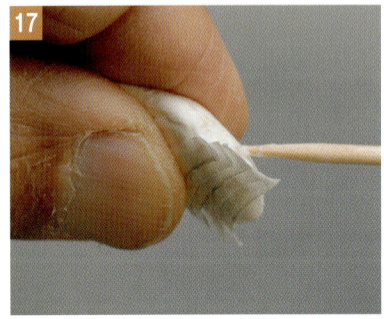

옆으로 삐쳐 나온 부분에 접착제를 발라줍니다.

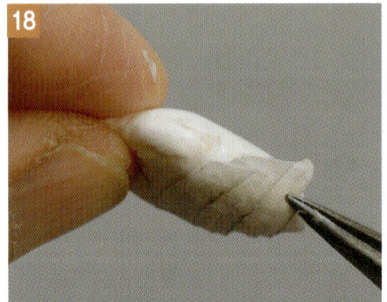

몸의 곡선에 맞춰서 붙여줍니다.

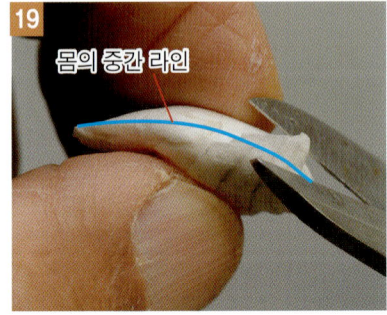

몸의 중간 라인

몸의 중간 라인을 기준으로 남는 부분을 가위로 잘라 모양을 다듬어줍니다.

모양을 다듬은 상태.

몸에 밀착되도록, 접착제를 더 발라서 단단히 붙여주세요.

등 쪽도 배 쪽의 11~21과 마찬가지로 6장을 붙여줍니다. 배 쪽과 등 쪽의 마디가 맞물리게 붙여주세요.

▶ 복판을 만들고 몸에 붙인다

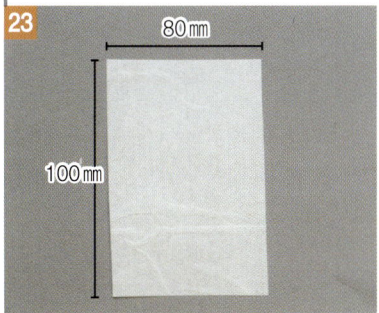

23

복판, 머리, 소순판, 윗날개를 만듭니다.
100×80mm의 접착지(네 겹)을 준비합니다.

24

도면(p.33)을 따라서 복판, 머리, 소순판,
윗날개를 연필로 그려줍니다.

25

다 그리면 가위로 잘라줍니다.

26

자른 모습. 머리, 소순판, 윗날개는 나중에
사용합니다.

27

21의 배에 연필로 표시(+)를 해줍니다.

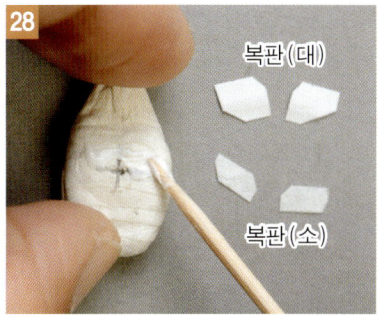

28

표시한 곳 주위에 접착제를 발라줍니다.

29

복판 중에 작은 것 2장을 먼저
붙입니다.

30

29에 살짝 겹치도록 큰 것 2장
을 붙입니다.

31

접착제를 발라줍니다.

32

몸의 곡선에 맞춰서 붙여줍니다.

▶ 배 중앙의 돌기를 붙이자

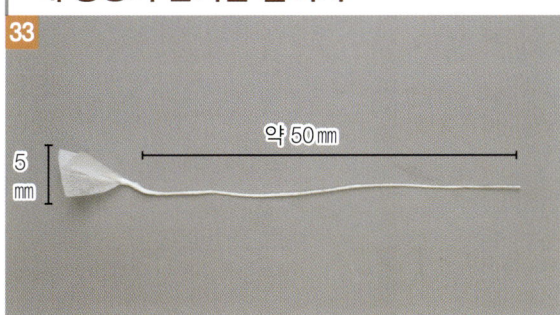

33

폭 5mm 홑겹으로 끈을 만듭니다(길이는 자유롭게 : 약 50mm).

34

끝을 핀셋으로 눌러줍니다.

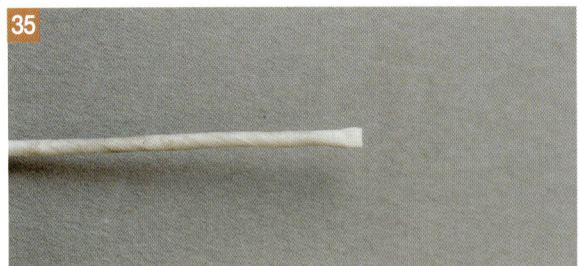

눌러준 상태.

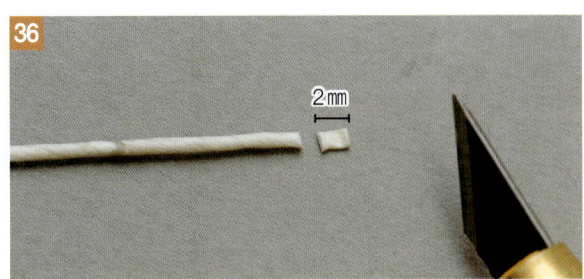

2mm 정도를 칼로 잘라줍니다. 이것이 가슴에서 튀어나온 돌기가 됩니다.

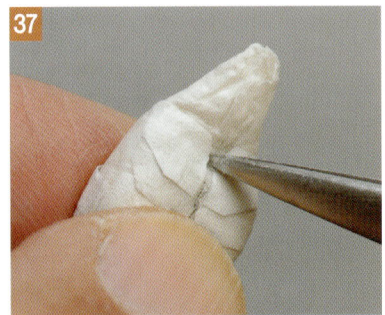

사진의 위치를 핀셋 끝으로 눌러서 우묵하게 만들어줍니다.

그곳에 접착제를 발라줍니다.

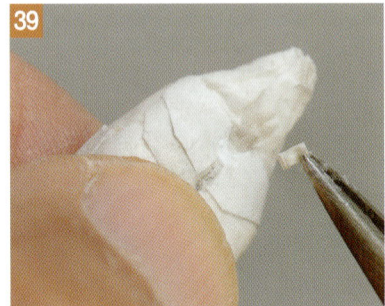

36의 돌기를 붙입니다.

▶ 받침대에 얹자

돌기를 옆에서 본 모습.

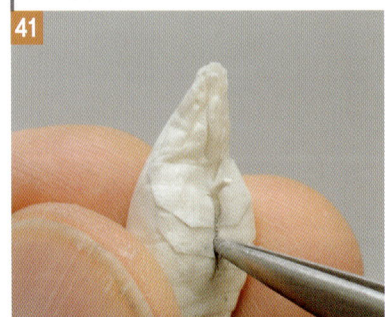

사진의 위치를 핀셋 끝으로 눌러서 홈을 만들어줍니다.

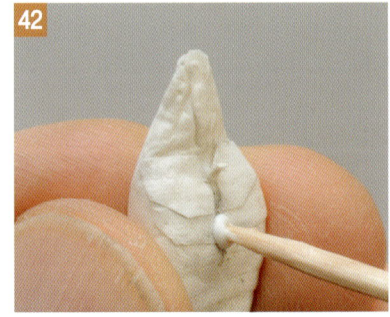

홈에 접착제를 바른 뒤에 이쑤시개를 꽂아줍니다.

스티로폼 받침대에 꽂아줍니다. 이렇게 해두면 다음 작업이 편해집니다. 배와 가슴의 마디, 가슴의 돌기가 완성됐습니다.

Step 03 얼굴을 만들자

풍뎅이의 눈은 지름 1㎜ 정도로 작습니다. 접착제를 조금 바른 사방 4㎜의 티슈를 손끝으로 뭉쳐서 만들어 주세요. 머리의 미묘한 곡선은 부품을 손가락 위에서 천천히, 둥근 젓가락으로 누르면서 모양을 만들어 갑니다. 머리는 일단 몸에 대보고 확인한 뒤에 접착제를 살짝 발라서 붙여줍니다.

▶ 눈을 준비하자

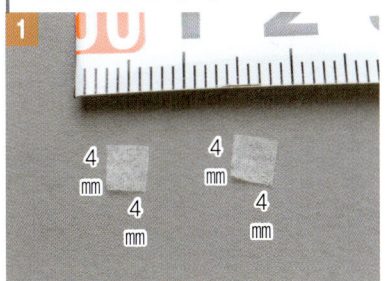
4×4㎜ 티슈(홑겹)을 2장 준비합니다.

중심에 접착제를 살짝 바릅니다.

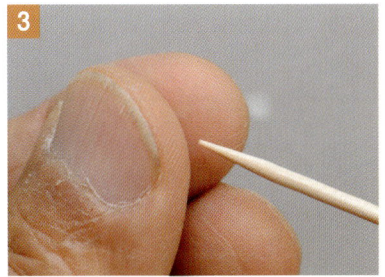
손가락으로 굴리며 뭉칩니다.

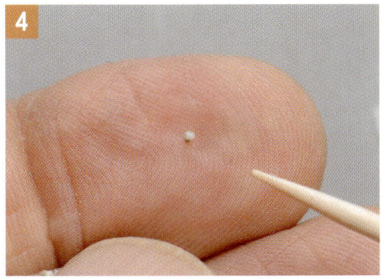
뭉친 모습. 지름 1㎜ 정도가 됐습니다.

2개 만듭니다. 눈 완성.

▶ 더듬이를 준비하자

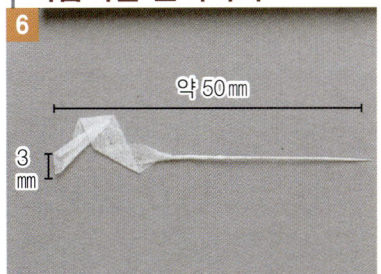
폭 3㎜의 홑겹으로 끈을 만듭니다(길이는 자유롭게 : 약 50㎜).

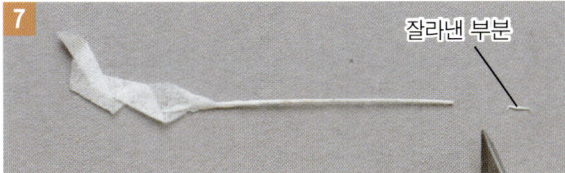
1㎜ 가량을 똑바로 잘라냅니다. 잘라낸 부분은 버립니다.

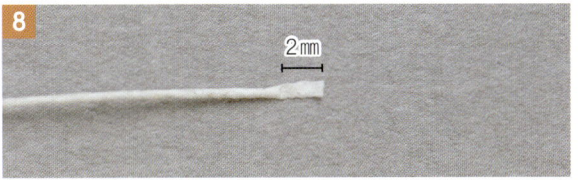
7 에서 남은 부분의 끝부분 2㎜ 가량을 핀셋으로 눌러줍니다.

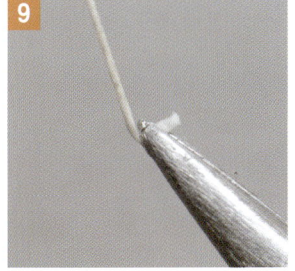
누른 부분을 직각으로 구부립니다.

구부린 모습.

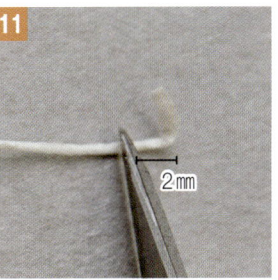
구부린 곳에서 2㎜ 정도 지점을 잘라줍니다.

2개를 만듭니다. 더듬이 완성.

▶ 머리를 붙이자

13

p.41 **26** 에서 자른 머리입니다.

14

둥근 젓가락(양쪽 끝을 깎은 것 : 아래 사진)을 준비합니다.

15

젓가락 끝 Ⓐ로 **13**을 꾹꾹 눌러서 둥그스름하게 만듭니다.

16

둥그스름하게 만든 모습

둥근 젓가락

끝 Ⓐ
(둥글게 깎았다)

끝 Ⓑ
(약간 뾰족하고 둥글게 깎았다)

17

p.42 **43**의 머리 부분에 접착제를 발라줍니다.

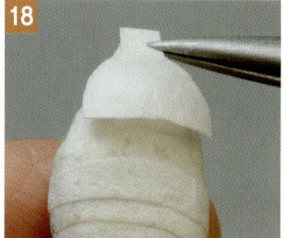
18

16을 붙입니다.

19

끝을 핀셋으로 잡아서 살짝 눌러줍니다.

20

눌러준 모습. 반대쪽도 똑같이 해주세요.

▶ 눈을 머리에 붙이자

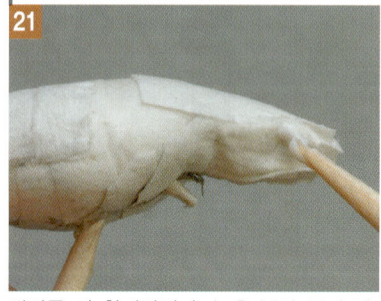
21

위치를 잘 확인하면서, 눈을 붙일 곳에 접착제를 발라줍니다.

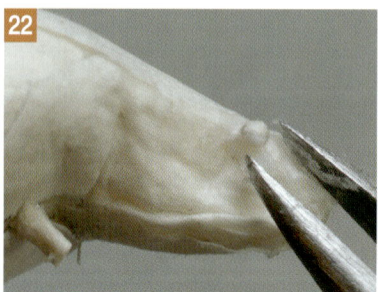
22

5에서 만든 눈을 붙여줍니다. 위쪽, 아래쪽 등 여러 각도에서 보면서 위치를 잘 점검해주세요.

23

두 눈을 붙인 모습.

▶ 더듬이를 얼굴에 붙이자

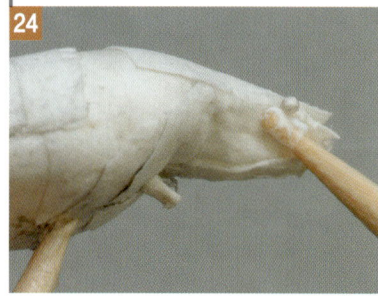
24

더듬이 부분(눈 아랫부분)에 접착제를 발라줍니다.

25

12에서 만든 더듬이를 붙입니다.

26

더듬이 2개를 붙인 모습.

Step
04 윗날개를 만들자

윗날개의 미묘한 곡선을 만들 때는 젓가락 끝부분을 이용해 바깥쪽에서 안쪽으로, 조금씩 천천히 누르면서 만들어줍니다. 아주 약간 튀어나온 부분은 젓가락의 뾰족한 끝으로 살짝 눌러줍니다. 윗날개를 다 만들고 나면 접착하기 전에 반드시 몸통에 맞춰보고 모양과 위치를 확인해주세요.

▶ 윗날개를 몸에 붙이자

1
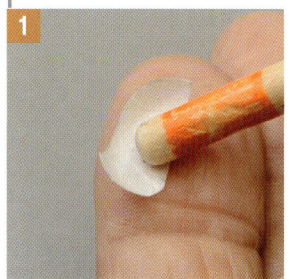
p.41 **26** 에서 자른 윗날개를 둥근 젓가락(p.44)의 끝 Ⓐ로 눌러서 둥글게 만들어줍니다

2
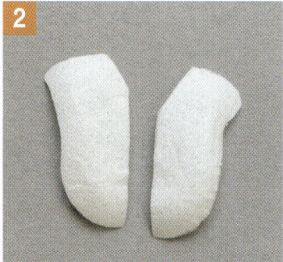
둥글게 만든 모습.

3

젓가락 끝 Ⓑ로 윗날개 안쪽을 눌러서 살짝 튀어나온 부분을 만들어줍니다.

4
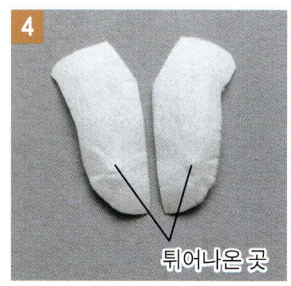
튀어나온 곳
튀어나온 곳을 만든 모습.

5
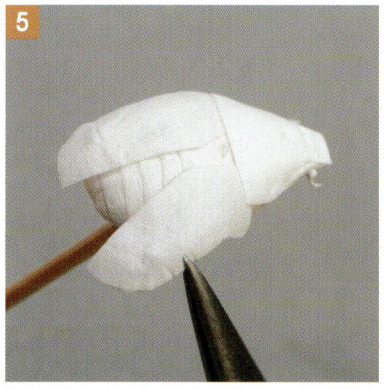
튀어나온 곳을 만든 윗날개를 p.44 **26** 의 머리 밑으로 끼워 넣고, 몸통에 맞춰보며 위치를 정합니다.

6

윗날개를 일단 분리하고 ○ 표시한 곳에 접착제를 발라주세요.

7
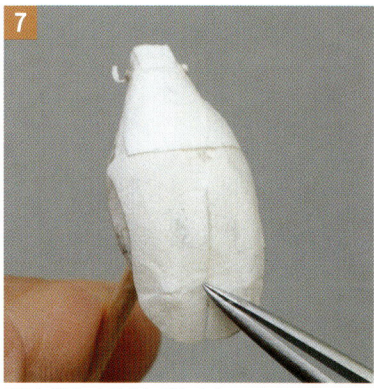
윗날개를 다시 붙여줍니다.

8

붙인 모습.

9

p.41 **26** 에서 자른 소순판을 사진의 위치에 접착제로 붙여주세요.

10

붙인 모습.

05 다리를 만들자

다리를 잘 만들기 위해서는 다리의 기초인 끈을 단단하게 만드는 것이 중요합니다. 풍뎅이만이 아니라 모든 곤충의 다리를 만들 때 공통되는 주의사항입니다.

▶ 다리의 기초를 만들자

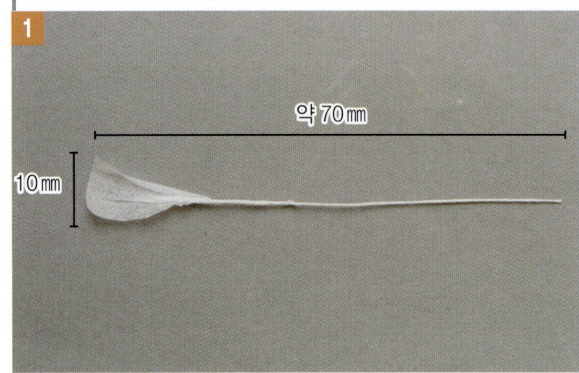

폭 10mm의 홑겹으로 끈을 만듭니다(길이는 자유롭게 : 약 70mm).

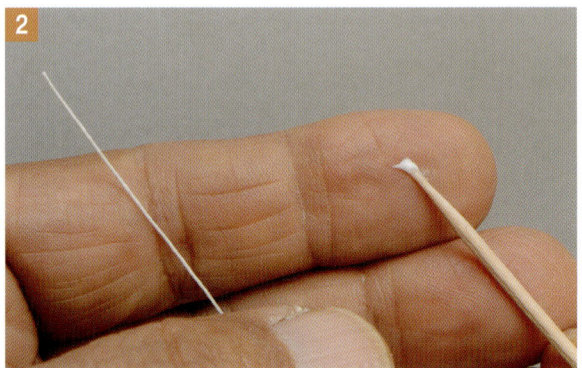

이쑤시개 끝에 접착제를 살짝 발라서 집게손가락 끝에 얹어줍니다.

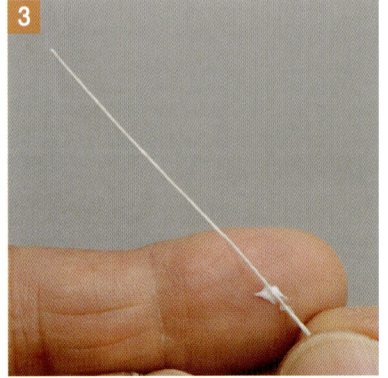

집게손가락 끝의 접착제를 끈에 얹어줍니다.

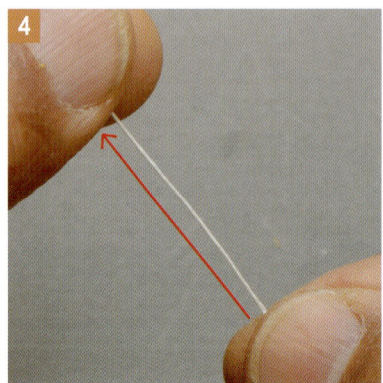

엄지손가락으로 잡고 화살표 방향으로 당겨서 끈 전체에 접착제를 발라줍니다.

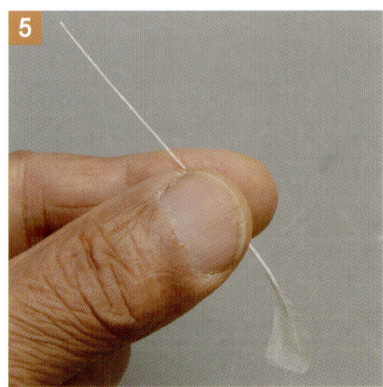

한 번 더 살짝 틀어서 끈을 단단하게 만들어줍니다.

끝 부분을 핀셋으로 눌러줍니다.

누른 뒤에 끝을 1mm 정도 잘라서 깔끔하게 만들어주세요.

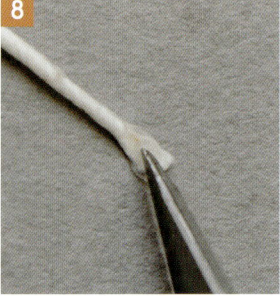

커터를 이용해 끝을 V자 모양으로 잘라주고, 핀셋으로 벌려줍니다.

이런 모양으로 만드세요. 곤충의 발처럼 됐습니다.

핀셋으로 네 곳을 눌러서 요철을 만듭니다.

6mm 부분에서 꺾어줍니다.

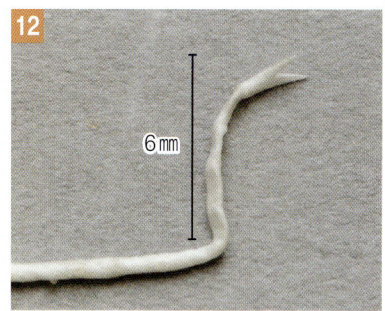

꺾은 상태.

▶ 다리를 굵게 만들자

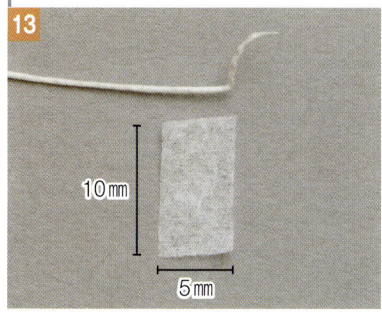

10×5mm의 홑겹을 준비합니다.

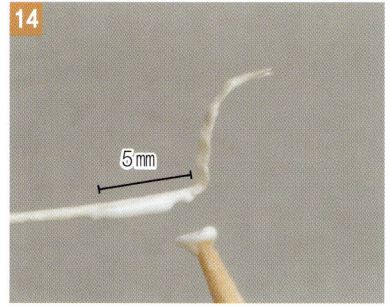

접착제를 발라줍니다.

다리에 감아줍니다.

끝부분을 접착제로 고정하고, 핀셋으로 눌러서 모양을 다듬어줍니다.

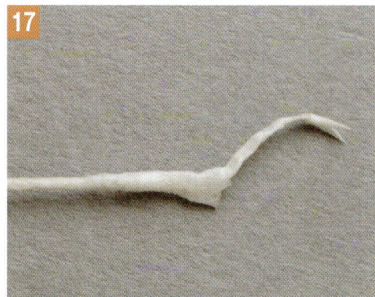

모양을 다음은 상태.

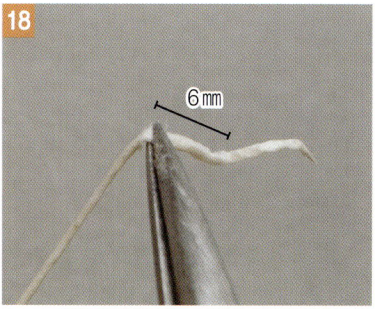

또 6mm 부분에서 꺾어줍니다.

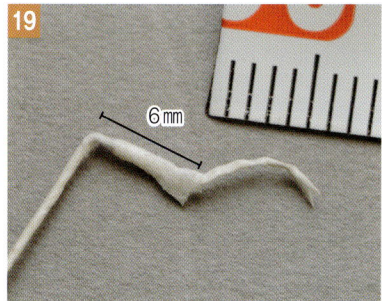

꺾은 상태.

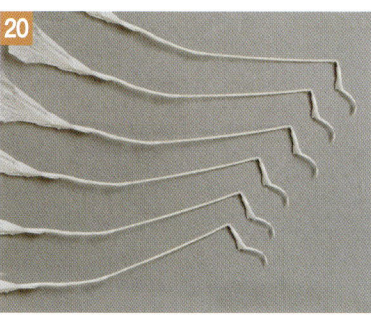

19를 총 6개 만들어줍니다.

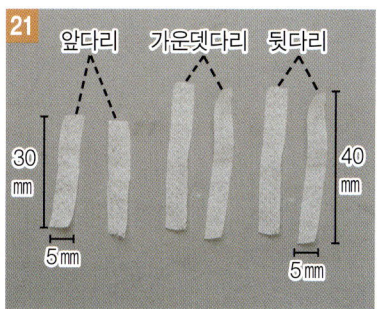

30×5mm 홑겹을 2개(앞다리용), 40×5mm를 4개(가운데, 뒷다리용) 준비하세요.

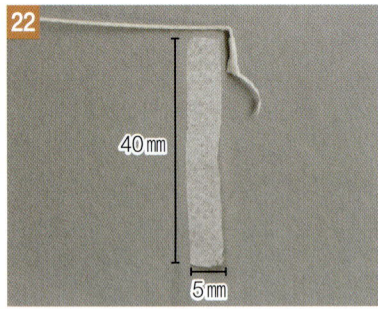

40 mm

5 mm

20의 다리 하나에 **21**의 홑겹을 감아줍니다. 사진은 뒷다리용.

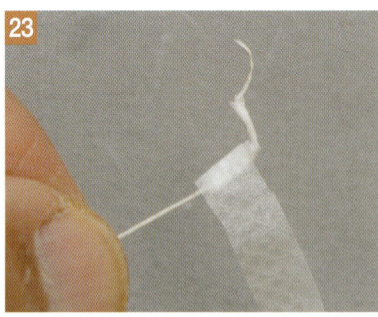

14~**15**와 마찬가지로 접착제를 발라서 감아 줍니다.

16~**17**과 마찬가지로 핀셋으로 눌러서 모양을 다듬어줍니다.

▶ 발톱을 만들자

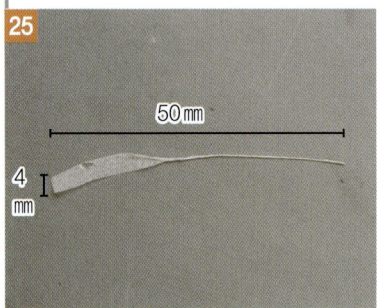

50 mm

4 mm

폭 4mm 홑겹으로 끝을 만듭니다(길이는 자유롭게 : 약 50mm).

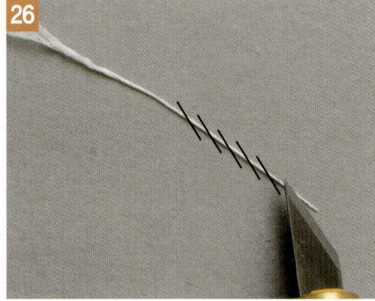

약 1mm 정도 길이로 비스듬하게 잘라줍니다.

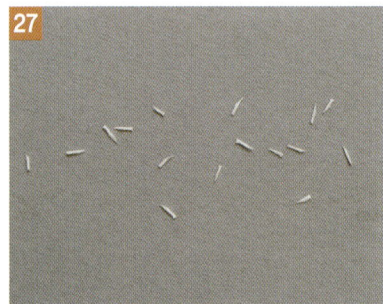

최소한 12개 이상을 만들어주세요.

발톱 밑동 부분에 접착제를 발라줍니다.

27의 끝부분에 접착제를 발라주세요.

29를 **28**에 붙여줍니다.

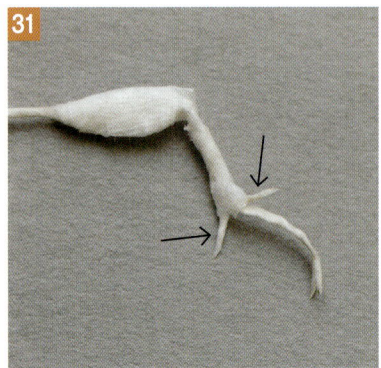

두 곳에 붙여줍니다.

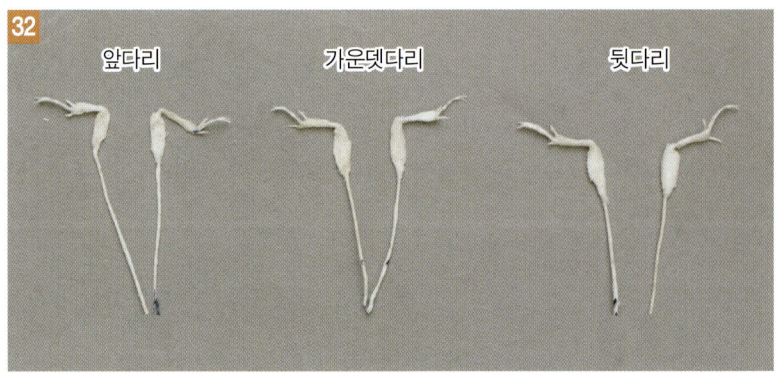

앞다리　　　가운뎃다리　　　뒷다리

마찬가지로 앞다리, 가운뎃다리, 뒷다리를 2개씩 만듭니다.

사진의 위치에서 잘라줍니다.

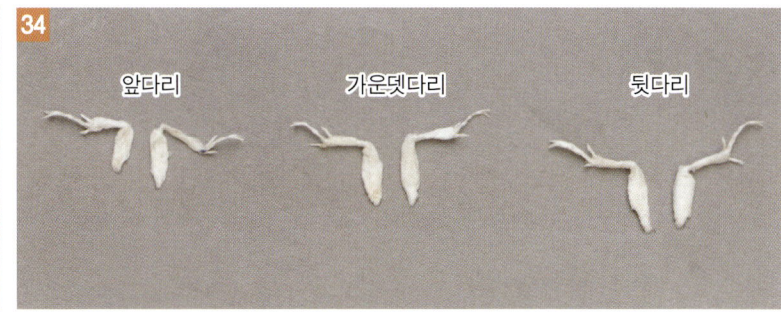

앞다리　　　가운뎃다리　　　뒷다리

다리 완성.

▶ 다리를 몸통에 붙이자

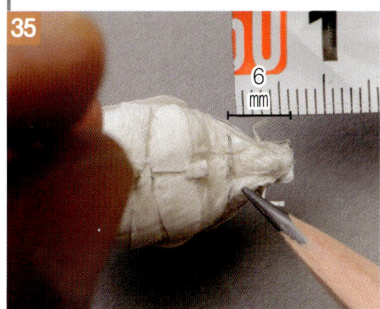

6mm 위치에 연필로 표시해주세요.

다리를 붙일 위치에 접착제를 발라줍니다.

다리를 붙입니다.

균형이 맞는지 보면서 6개를 전부 붙입니다.

다 붙였습니다.

위에서 본 모습.

채색 전 완성 상태입니다.

검정, 갈색, 주황, 노랑, 연두색 등의 수채물감을 조금씩 접시에 덜고, 순서대로 섞어줍니다. 물을 아주 조금씩 넣으면서 색감을 조절한 다음 전체적으로 옅게 칠해줍니다. 일단 칠한 뒤에 하루 동안 말리고, 그 뒤에 덧칠을 해서 색에 깊이를 줍니다. 완전히 마르면 바니시(니스)를 살짝 칠해서 마무리합니다.

▶ 필요한 도구 준비

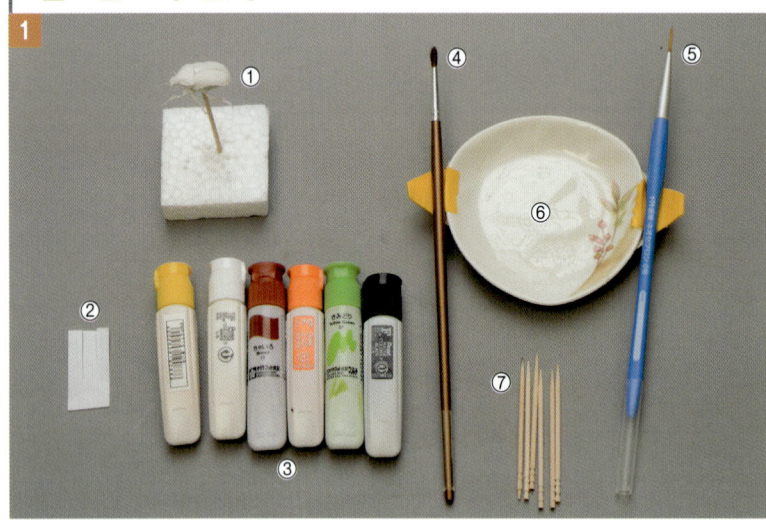

필요한 도구를 준비합니다.
①칠하지 않은 풍뎅이
②시험용 종이(티슈)
③수채 물감
④⑤붓
⑥물감 접시
⑦이쑤시개

▶ 색을 만들자

이쑤시개를 써서 물감을 튜브에서 덜어냅니다.

물감을 섞어줍니다.

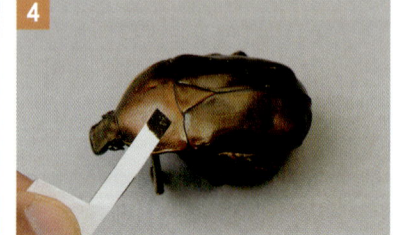

시험용 종이에 물감을 발라서 색감을 확인합니다. 사진은 진짜 풍뎅이 표본에 대보면서 색감이 맞는지 확인하는 장면.

▶ 색을 칠하자

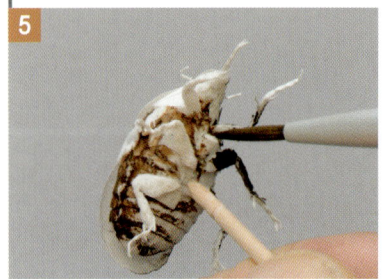

풍뎅이를 칠해줍니다. 먼저 배 쪽부터.

다리를 칠해주세요.

눈, 더듬이 등의 작은 부분은 특히 신중하게 칠해주세요.

8

머리부터 시작해 등 쪽으로 가며 칠해줍니다. 한 번에 칠하는 게 아니라, 조금씩 신중하게 색을 입혀주세요.

9

발끝도 꼼꼼하게 칠해주세요.

10

날개를 핀셋으로 펼치고 엉덩이에서 등까지 칠해주세요.

▶ 바니시를 칠하자

11

여러 번 덧칠하면서 조금씩 진하게 만들어 갑니다.

12

하루 동안 말리고 또 덧칠해주세요. 며칠 동안 되풀이하면서 원하는 색이 될 때까지 칠하세요.

13

완전히 마르고 나면 전체에 바니시를 칠해 주세요.

▶ 이쑤시개를 자르자

14

받침대에 꽂아두기 위한 이쑤시개는 이제 필요 없으니, 니퍼로 밑동을 잘라주세요.

15

잘라낸 모습.

16

색을 칠해서 이쑤시개 부분을 가려줍니다.

▶ 완성

17

밑에서 본 모습.

18

풍뎅이가 완성됐습니다.

얼굴

비스듬히 뒤쪽

옆

위

아래

비스듬히 앞

✔ 다양한 각도에서 살펴봅시다(완성판)

얼굴

비스듬히 뒤쪽

옆

위

아래

비스듬히 앞

호랑나비

▶ 접착지를 사용해서 아름다운 날개를 만들자

00 호랑나비 도면과 해설

호랑나비는 날개가 가장 중요합니다. 접착지(네 겹)에 도면에 있는 모양과 무늬를 꼼꼼하게 옮겨 그려주세요. 날개의 노란색은 옅은 색으로 조심스럽게, 여러 번 겹쳐서 칠해주세요. 몸통이 너무 커지지 않게 주의.

전체도

120

날개 아래쪽

날개 위쪽

6

| 옆 | 뒤 | 얼굴 |

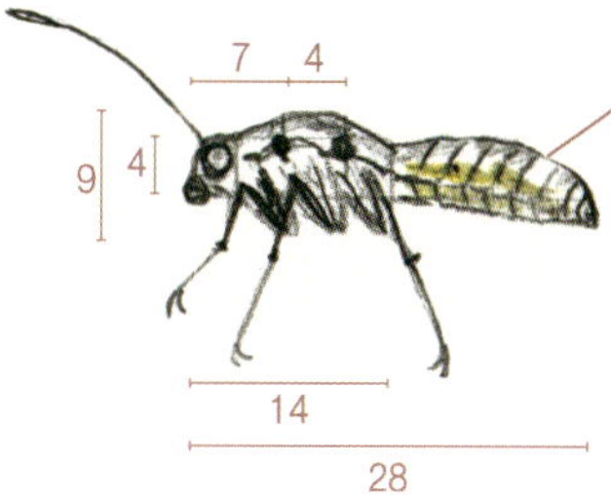

7

6

눈

12

2

4

5

7 4

9 4

14

28

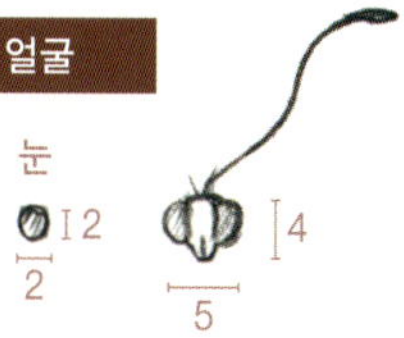

| 앞다리 | 가운뎃다리 | 뒷다리 |

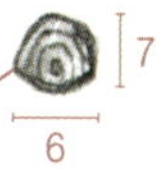

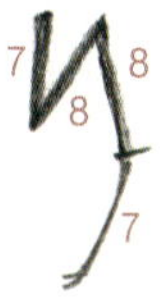

5

6 7

7

7

7 7

8

7

7 8

8

7

※도면 : 실물 크기. 치수는 대략적인 것입니다(단위 : ㎜).

01 몸통, 얼굴, 날개를 만들자

몸통은 치수를 잘 확인하면서 만드는 것이 포인트. 배의 마디는 하나씩 꼼꼼하게, 위와 아래를 맞춰가면서 붙이세요. 입은 단단하게 꼬아서 만든 끈으로 가늘게 만듭니다. 다리도 가늘고 기니까, 끈을 튼튼하게 만드는 것이 중요합니다.

▶ 몸통 토대를 만들자

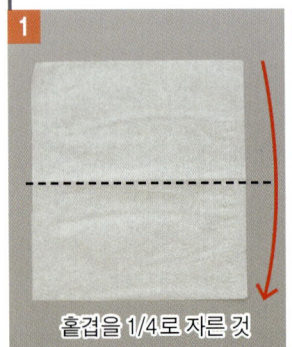

1

홑겹을 1/4로 자른 것

홑겹을 1/4로 자른 뒤에 점선을 따라 반으로 접으세요.

2

또 반으로 접습니다.

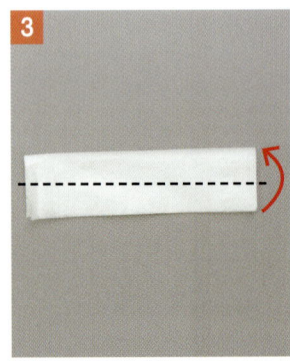

3

위쪽 한 겹만 점선을 따라 반으로 접어주세요.

4

머리

엉덩이

접은 상태. 위가 머리, 아래가 엉덩이가 됩니다.

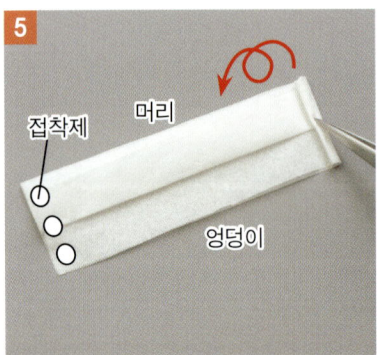

5

접착제 머리

엉덩이

핀셋을 이용해 끝에서부터 감아줍니다. 끝 부분에 접착제를 세 군데 발라주세요.

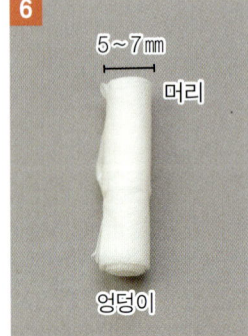

6

5~7mm

머리

엉덩이

끝을 붙여줍니다. 지름이 5~7mm가 되도록 조절하며 감아주세요.

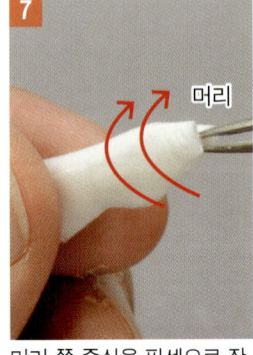

7

머리

머리 쪽 중심을 핀셋으로 잡고, 몸통을 화살표 방향으로 돌려서 뾰족하게 만듭니다.

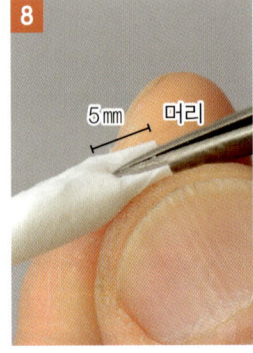

8

5mm 머리

머리 쪽 끝을 핀셋으로 5mm 눌러주고, 누른 부분에 접착제를 바릅니다.

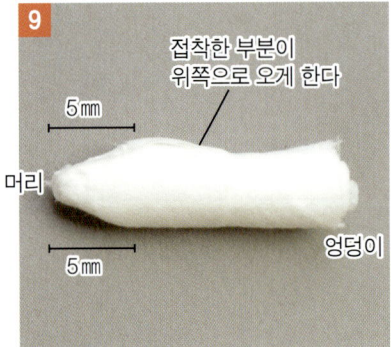

9

접착한 부분이 위쪽으로 오게 한다

5mm

머리

엉덩이

5mm

반대쪽도 5mm를 눌러서 접착제를 바르고, V자 모양으로 만듭니다.

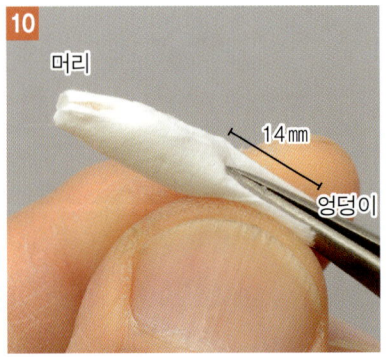

10

머리

14mm

엉덩이

엉덩이 쪽은 한쪽만 14mm를 누르고, 누른 부분에 접착제를 바릅니다.

11

등

머리

엉덩이

배

사진처럼 모양을 다듬어줍니다.

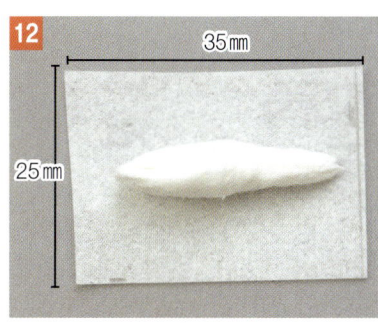

25×35mm의 접착지(두 겹) 위에 접착제를 살짝 바르고, **11**의 배 쪽이 밑으로 가게 엎어줍니다.

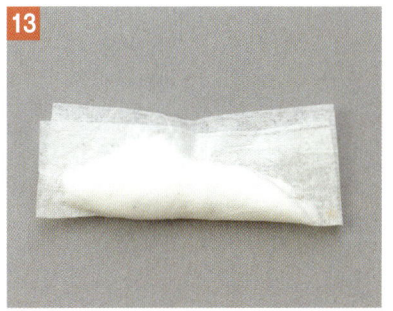

12에 접착제를 살짝 바르고, 사진처럼 감싸줍니다.

남는 부분을 가위로 자르고, 도면을 참고로 사진처럼 모양을 다듬어주세요.

▶ 배의 마디를 붙이자

머리 쪽 끝을 핀셋으로 3mm 눌러줍니다.

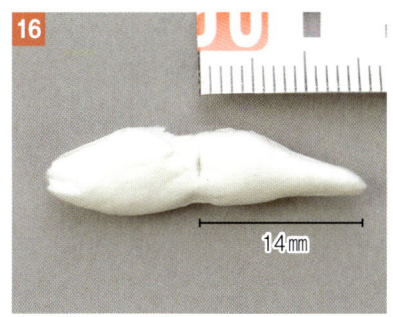

엉덩이 끝에서 14mm 부분에 연필로 표시를 해주세요.

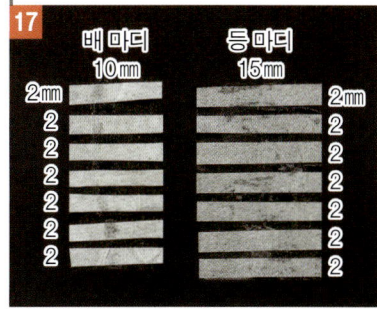

2×10mm(배 마디)와 2×15mm(등 마디)의 접착지(두 겹)을, 각 7장씩 준비합니다.

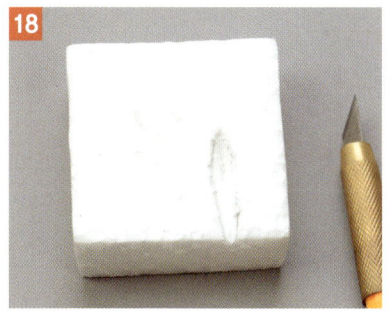

작업하기 편하도록 스티로폼 받침을 몸통 모양으로 파주세요.

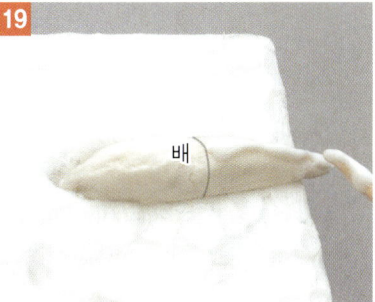

18에 **16**을 배가 위로 오게 엎고, **16**에서 붙여준 14mm 표시까지 접착제를 발라줍니다.

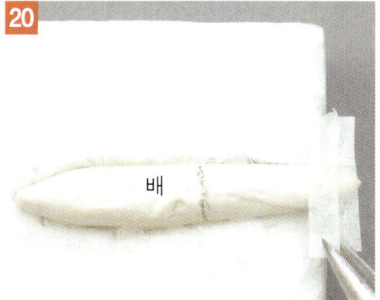

17의 배 마디를 1개씩 꼬리 끝에서부터 붙여줍니다. 두 번째부터는 조금씩 겹쳐지게 붙여줍니다.

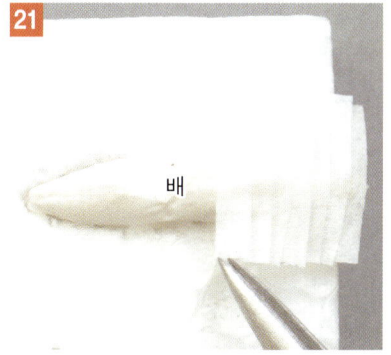

14mm 표시까지, 조금씩 겹쳐지도록 해서 7장을 붙입니다.

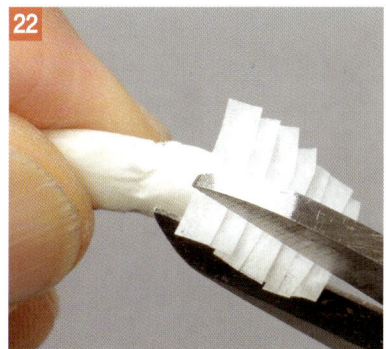

남는 부분을 가위로 자릅니다.

자른 뒤에 모양을 다듬어줍니다.

▶ 등의 마디를 붙이자

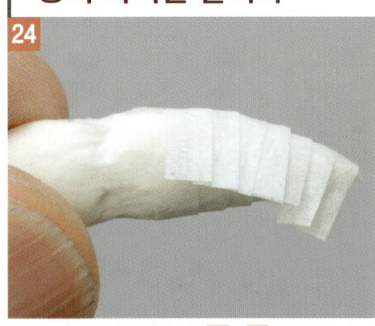

24 등의 마디를 붙입니다. **19**~**21**과 마찬가지로, 14mm 표시까지 조금씩 겹쳐지도록 해서 7장을 붙입니다.

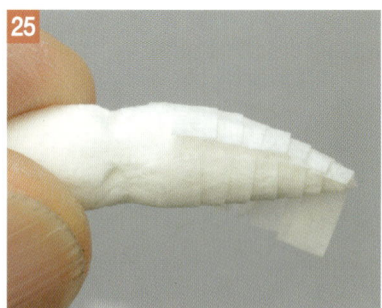

25 남는 부분은 가위로 자릅니다.

26 배의 마디와 맞도록, 한 장씩 조절해가며 다듬어주세요.

▶ 눈을 붙이자

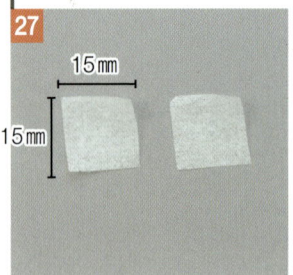

27 15×15mm 홑겹을 두 장 준비합니다.

28 접착제를 조금씩 바르며 굴려서, 2×2.5mm 정도의 구슬을 2개 만듭니다.

29 **26**의 배에 핀셋 끝으로 구멍을 내고, 접착제를 바른 뒤에 이쑤시개를 꽂아줍니다.

30 도면을 참고하며 사진처럼 **28**을 붙여주세요.

▶ 입을 붙이자

31 폭 5mm의 홑겹으로 끈을 만들고 (길이는 자유롭게 : 약 60mm), 핀셋으로 끝을 잡습니다.

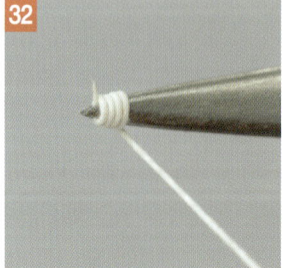

32 사진처럼 끈을 핀셋에 감아줍니다.

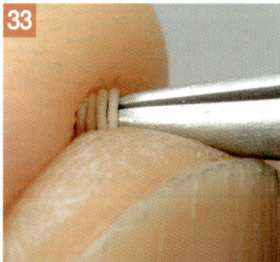

33 네 바퀴 정도 감아주세요.

34 핀셋에서 뺍니다.

35 사진처럼 잘라주세요.

36 사진의 위치에 접착제를 바릅니다.

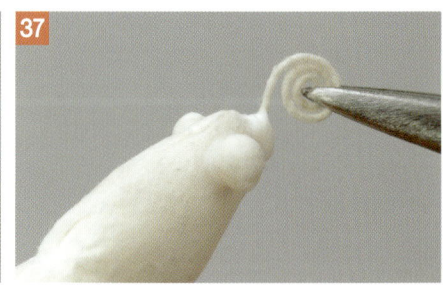

37 **35**를 사진처럼 붙여주세요.

▶ 더듬이를 붙이자

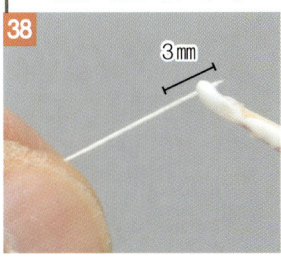

38 3mm

폭 5mm로 끈을 만들고(약 60mm), 끝에서 3mm 부분에 접착제를 바릅니다.

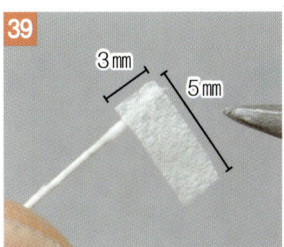

39 3mm 5mm

3×5mm의 홑겹을 접착제 바른 위치에 감아줍니다.

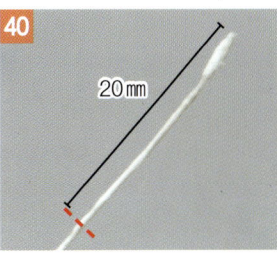

40 20mm

감아준 모습. 20mm 지점에서 잘라줍니다

41

40을 2개 만들어서 사진처럼 붙여줍니다.

▶ 다리를 만들자

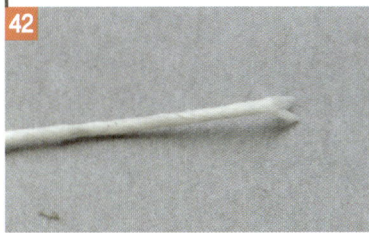

42

폭 7mm 홑겹으로 끈을 만들고(길이는 자유롭게 : 약 60mm), p.46 **6** ~ **9** 와 똑같이 만듭니다.

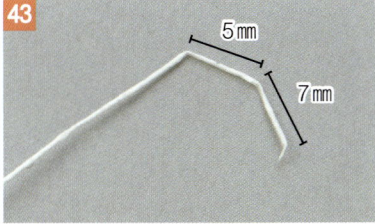

43 5mm 7mm

먼저 앞다리를 만듭니다. 사진의 위치에서 구부려주세요.

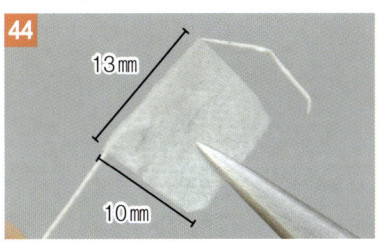

44 13mm 10mm

13×10mm 홑겹을 접착제를 바르고 감아줍니다.

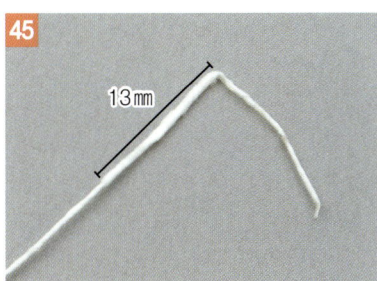

45 13mm

감은 상태.

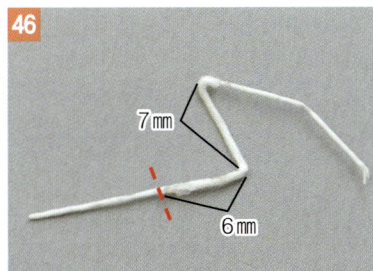

46 7mm 6mm

13mm 부분을 사진처럼 7mm/6mm로 구부려주고, 점선 부분에서 잘라줍니다. 앞다리 완성.

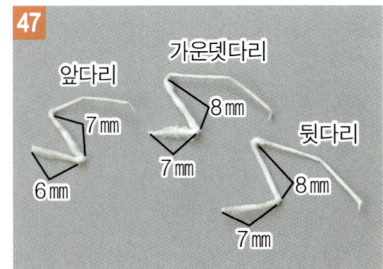

47 앞다리 가운뎃다리 뒷다리 7mm 8mm 6mm 7mm 8mm 7mm

가운뎃다리와 뒷다리는 **44**의 종이 사이즈가 15×10mm, **46**의 구부리는 위치가 8mm/7mm가 됩니다.

▶ 날개를 만들자

48

접착지(네 겹)에 도면에 있는 날개를 그리고 가위로 잘라줍니다.

49

도면을 보면서 연필로 무늬 밑그림을 그립니다.

50

밑그림을 바탕으로 사인펜으로 무늬를 그려줍니다.

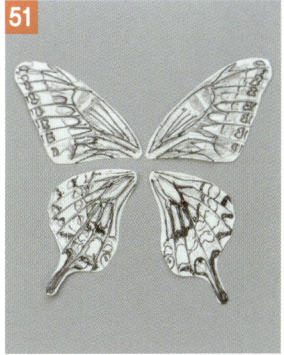

51

무늬를 그렸습니다. 이것은 날개 아랫면. 윗면도 **49** ~ **50**처럼 그려주세요.

날개는 옅은 노란색을 여러 번 겹쳐 칠하면서 조금씩 진한 색으로 만들어갑니다. 다리, 눈, 더듬이 등 작은 부분이 많으니까 조심해서 칠하세요. 각 부품을 다 칠한 뒤에 조립하는데, 이때 부품을 붙이는 위치에 주의하세요. 접착제를 바르기 전에 위치를 맞춰보며 확인하면 좋습니다.

▶ 날개, 다리, 몸을 칠하자

물감을 준비합니다.

날개를 한 장씩 칠해주세요.

네 장 모두 칠했습니다. 날개 아랫면입니다.

날개 윗면도 네 장 모두 칠해주세요. 물감이 마르면 좌우 두 장씩 서로 붙여줍니다.

다리를 칠해주세요. 다리는 이쑤시개 끝에 접착제를 발라서 임시로 고정하면 칠하기 편합니다. 6개 모두 칠해주세요.

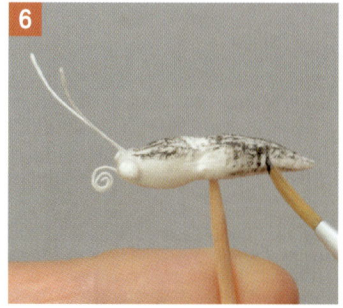

몸통을 칠하기 시작합니다.

어느 정도 칠하면 접착제로 앞다리를 붙이고 계속 칠해주세요.

가운뎃다리, 뒷다리도 신중하게 위치를 정해서 몸에 붙입니다.

계속 칠해주세요.

채색이 끝나고 마르기 시작하면 날개 자리에 접착제를 발라줍니다.

▶ 날개를 붙이자

한쪽부터 붙여줍니다. 위, 아래를 잘 확인하세요.

양쪽 모두 붙였습니다.

위치와 각도를 조절하세요. 균형이 맞는지 보고, 한 번 날개를 서로 맞춰보면 좋습니다.

▶ 등의 솜털을 만들자

등에 접착제를 발라줍니다

홑겹 티슈를 뭉치고 사진처럼 사인펜으로 칠해주세요.

핀셋으로 잘게 찢어줍니다.

등 전체를 메운다는 느낌으로 16 을 여러 번 나눠서 붙여줍니다.

▶ 각 부분 조절

다양한 각도에서 보면서 각 부분의 위치와 각도를 다시 조절해주세요.

▶ 바니시를 칠하자

마지막으로 바니시(니스)를 칠해줍니다. 호랑나비의 경우에는 눈에만 칠해줬습니다.

▶ 완성

호랑나비
완성.

✔다양한 각도에서 살펴봅시다(채색 전)

얼굴

위

아래

옆

뒤

비스듬히 앞

✔ 다양한 각도에서 살펴봅시다(완성판)

얼굴

위

아래

옆

뒤

비스듬히 앞

메뚜기 ▶ 부품이 많은 곤충을 만들어보자

Step

00 메뚜기 도면과 설명

난이도가 높은 곤충 중의 하나입니다. 풍채가 느껴지는 얼굴과 늠름한 뒷다리를 꼼꼼하게 재현해보세요.
각 부품의 티슈는 자르는 단계에서부터 신중하게. 꼼꼼하게 뭉치고, 올바른 위치에 붙여주세요.

얼굴

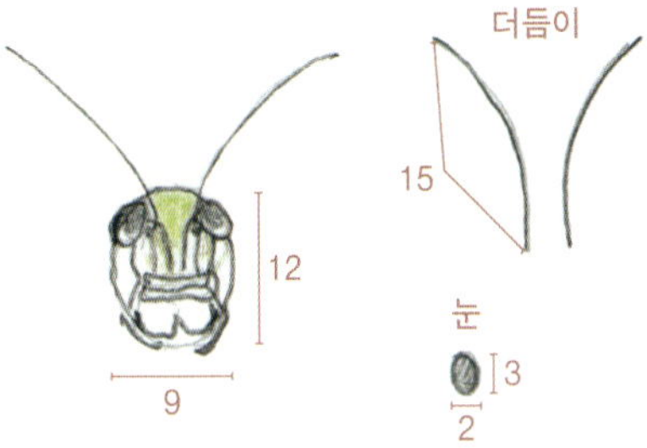

더듬이

15

눈

12

9

3

2

얼굴 부품

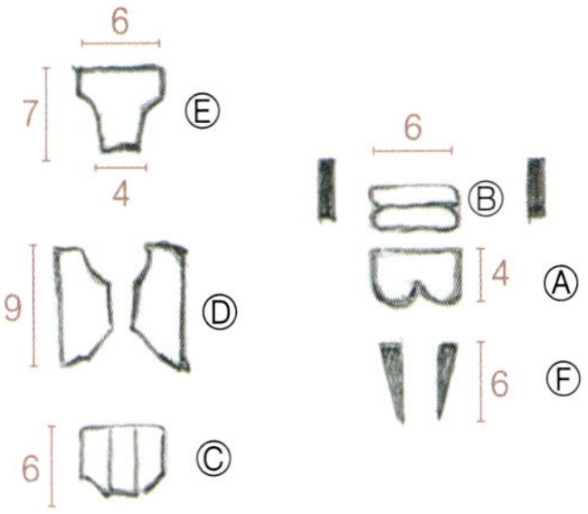

6

7

4

E

9

D

6

C

6

B

4

A

6

F

배 쪽

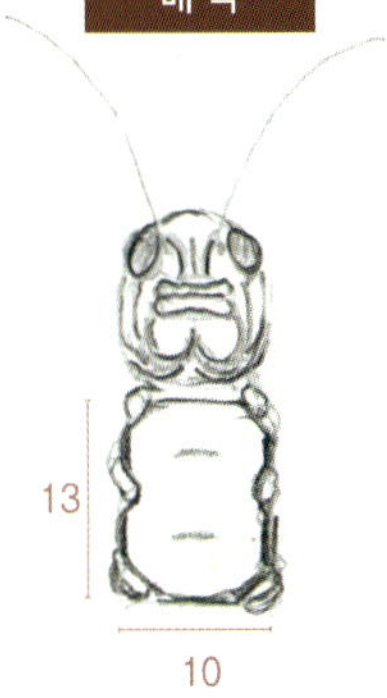

13

10

등 부품

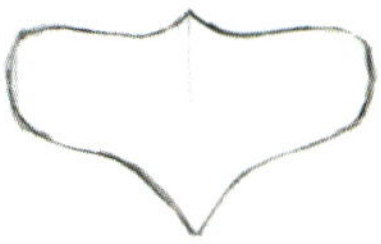

앞다리

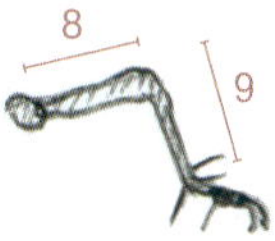

8

9

가운뎃다리

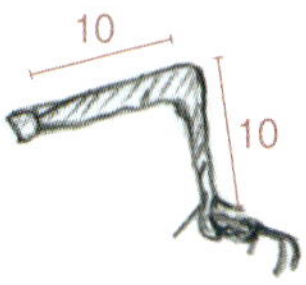

10

10

뒷다리

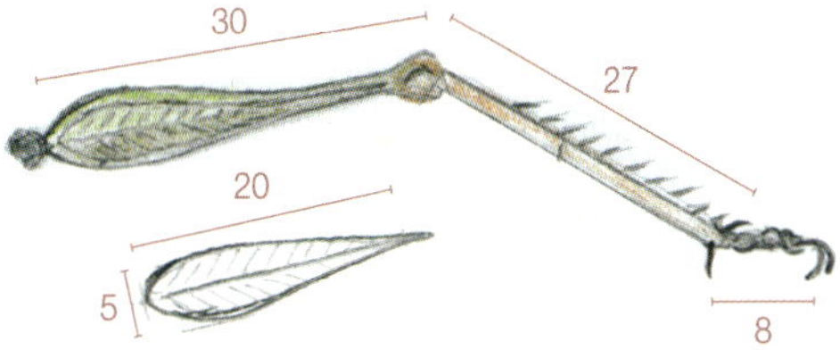

30

27

20

5

8

옆

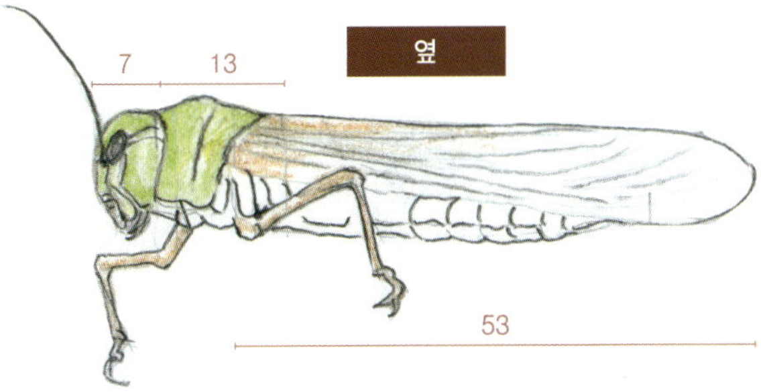

7   13

53

날개

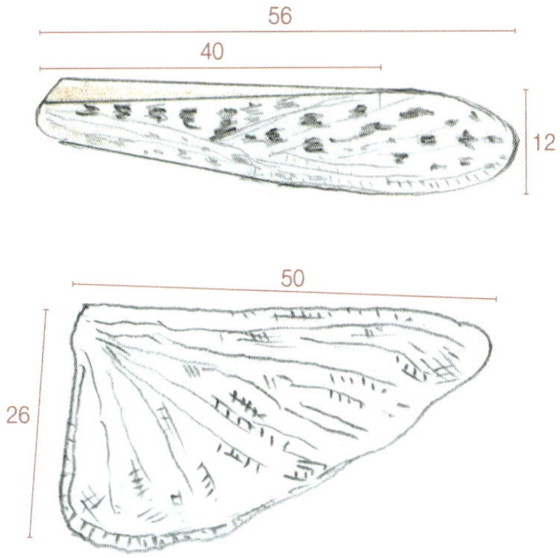

56

40

12

50

26

다리 위치

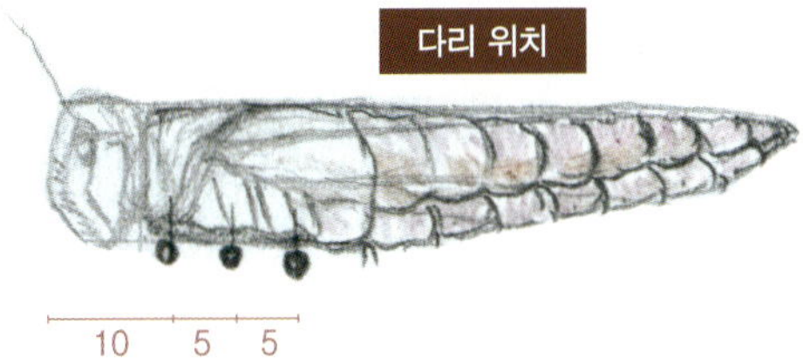

10   5   5

※도면 : 실물 크기. 치수는 대략적인 것입니다(단위 : ㎜).

머리를 만들자

메뚜기의 머리를 만듭니다. 머리 모양은 처음부터 단단하게 뭉치지 말고, 최종적으로 **16** 의 모양이 되도록 조금씩 모양을 잡아주세요. 머리 부품은 작은 것들이 많은데, 전체적인 균형을 봐가며 핀셋을 잘 사용해서 꼼꼼하게 붙여주세요.

▶ 머리 토대를 만들자

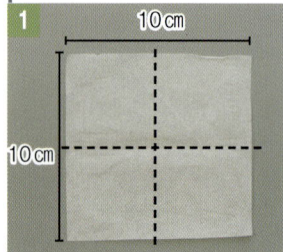

1

머리 토대를 만듭니다. 홑겹을 1/4로 잘라주세요.

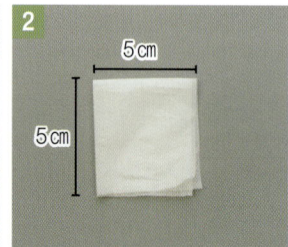

2

1 을 1/4로 접습니다.

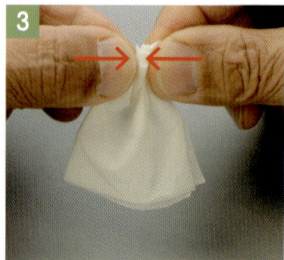

3

양쪽을 잡고 위쪽을 가운데로 모아줍니다.

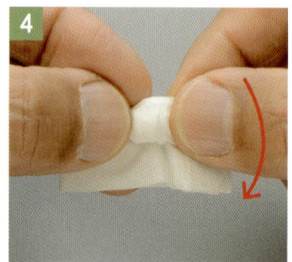

4

3 의 위쪽을 말아줍니다.

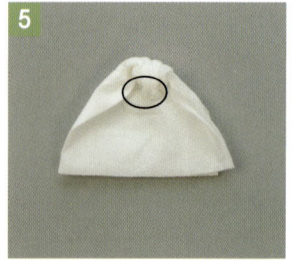

5

말아놓은 모습. ○에 접착제를 조금 발라줍니다.

6

더 말아줍니다.

7

양쪽 끝을 잡고 가운데로 모아줍니다.

8

모아준 모습. 양쪽 끝을 접어주세요.

9

접은 부분에 접착제를 조금 바르고 붙여줍니다.

10

붙인 상태.

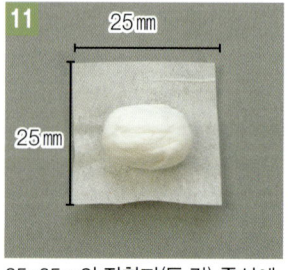

11

25×25mm의 접착지(두 겹) 중심에 접착제를 조금 바르고, 그 위에 **10** 을 얹어줍니다.

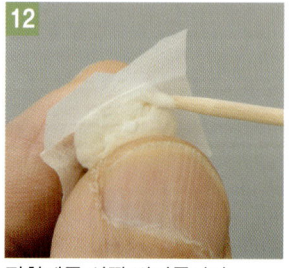

12

접착제를 살짝 발라줍니다.

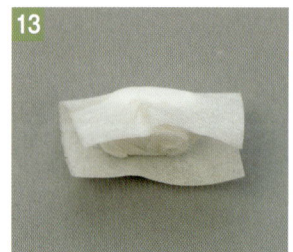

13

사진처럼 감싸주세요.

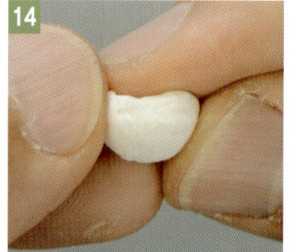

14

접착제를 조금씩 바르면서 감싸주고, 모양을 잡아갑니다.

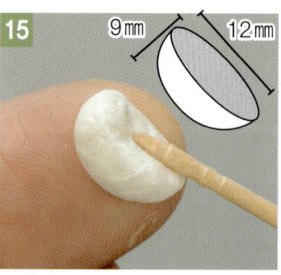

15

그림처럼 반구체 모양으로 다듬어갑니다.

16

머리 토대 완성. 이쑤시개 끝에 접착제를 발라서 고정해둡니다.

▶ 눈을 만들자

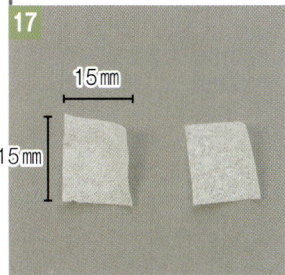

17

15mm

15mm

눈을 만듭니다. 15×15mm 홑겹을 두 장 준비하세요.

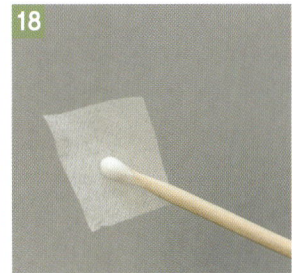

18

접착제를 조금 발라줍니다.

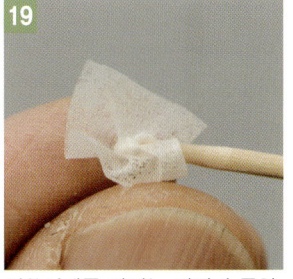

19

이쑤시개를 감싸는 것처럼 뭉쳐줍니다.

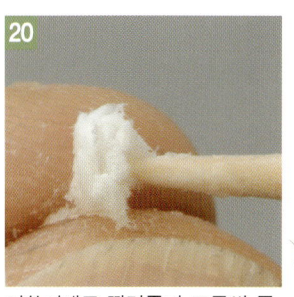

20

이쑤시개로 찔러주며 조금씩 뭉쳐갑니다.

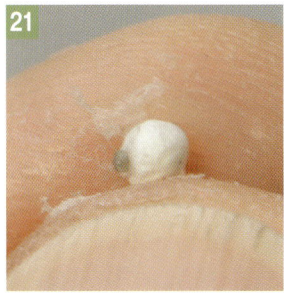

21

손가락 사이에서 굴리며 모양을 잡아줍니다.

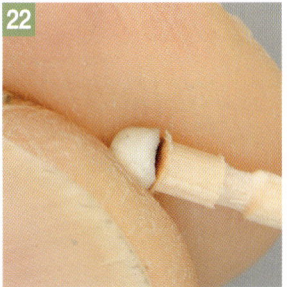

22

이쑤시개 꼬리로 한 곳을 눌러줍니다.

23

눌러준 상태.

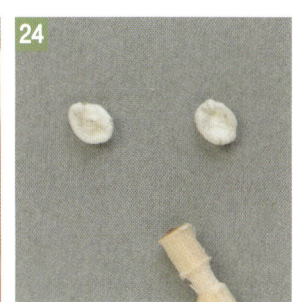

24

같은 방법으로 하나 더 만듭니다. 눈 완성.

▶ 얼굴 부품을 만들고 얼굴에 붙이자

25

얼굴 부품을 만들겠습니다. 접착지(네 겹 : 크기는 자유)를 준비하세요.

26

도면(p.65)에 대고 얼굴 부품을 연필로 그린 뒤에 가위로 잘라줍니다.

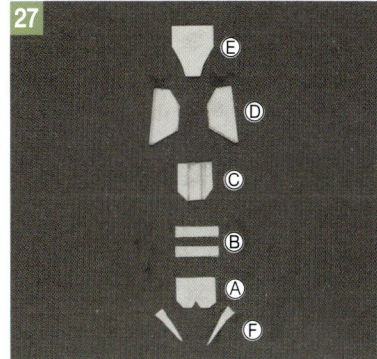

27

Ⓔ
Ⓓ
Ⓒ
Ⓑ
Ⓐ
Ⓕ

자른 모습.

28

부품 Ⓐ를 사진의 위치에 붙입니다.

29

부품 Ⓑ(2개)를 사진의 위치에 붙입니다.

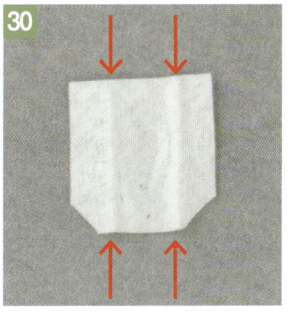

30

부품 Ⓒ의 두 곳을 핀셋으로 집어서, 각 1mm씩 접은 자국을 만들어줍니다.

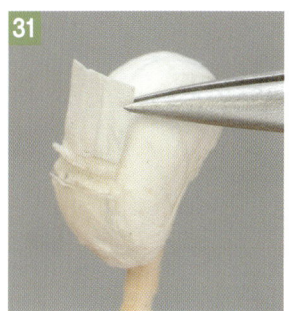

31

30을 사진의 위치에 붙여주세요.

32 부품 ⓓ(2개)를 사진의 위치에
붙입니다.

33 에서 만든 눈(2개)을 사진의
위치에 붙입니다.

34 붙인 모습.

35 부품 ⓔ를 둥근 젓가락 끝으로
눌러서 둥그스름하게 만들어줍
니다.

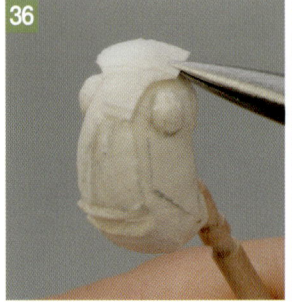

35 를 사진의 위치에 붙이세요.

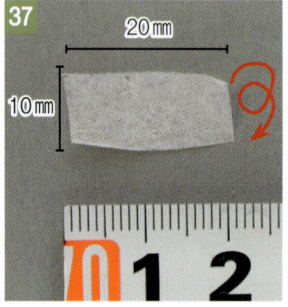

37 10×20㎜의 홑겹을 준비합니다.
안쪽에 살짝 접착제를 발라서 가
늘게 말아주세요.

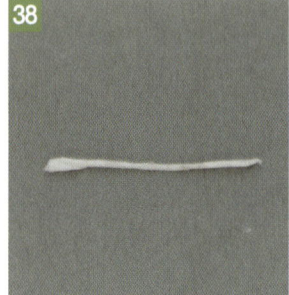

38 다 만 모습.

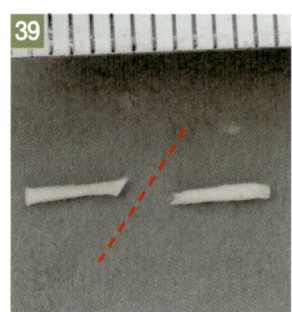

39 중앙에서 비스듬하게 잘라줍니다.

39 하나를 사진의 위치에 붙
입니다.

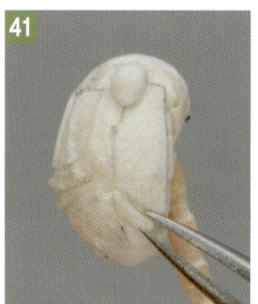

41 나머지 하나를 사진의 위치
에 붙입니다.

42 부품 ⓕ(2개)를 사진의 위치
에 붙입니다.

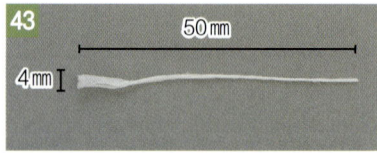

43 폭 4㎜로 끈을 만들고(길이는 자유롭게 :
약 50㎜) 접착제로 굳혀주세요.

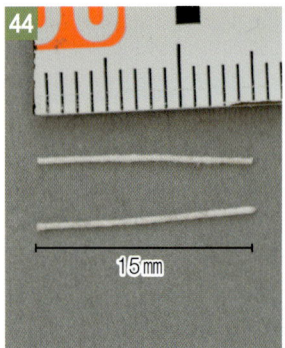

44 15㎜ 길이로 2개 잘라줍니다.

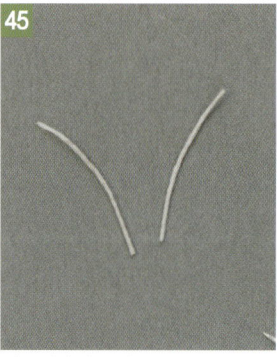

45 더듬이처럼 보이도록 손가락으로
휘어 줍니다.

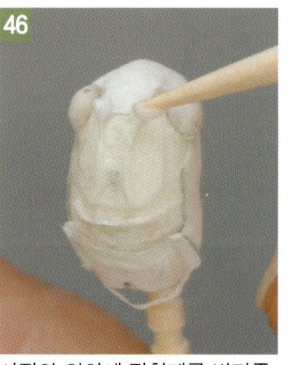

46 사진의 위치에 접착제를 발라주
세요.

47 45 를 붙이면 머리 완성.

Step
02 몸통을 만들자

몸통을 만들 때는 머리와 균형이 맞는지를 보면서 조금씩 모양을 정해나가는 것이 포인트입니다. 엉덩이 쪽으로 점점 가늘어지는 라인을 꼼꼼하게 표현해보세요. 12 단계에서 크기가 맞는지 확인해주세요. 배와 등의 마디가 서로 잘 맞도록 붙이고, 핀셋을 이용해서 세밀하게 층을 만들어주세요.

▶ 몸통 토대를 만들자 ①

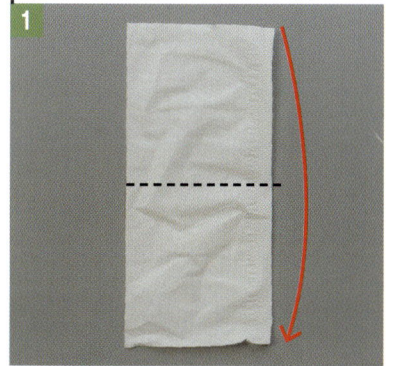

두 겹 티슈를 반으로 접어서 준비합니다. 점선을 따라 반으로 접어주세요.

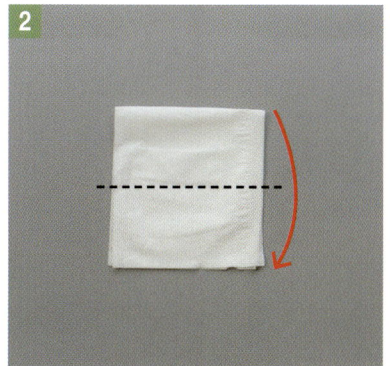

또 점선을 따라 반으로 접어주세요.

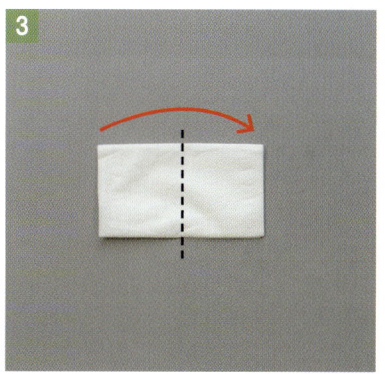

점선을 따라 반으로 접어주세요.

1/4 부분의 점선에 따라, 제일 윗장만 접어주세요.

1/3 부분의 점선을 따라 접어주세요.

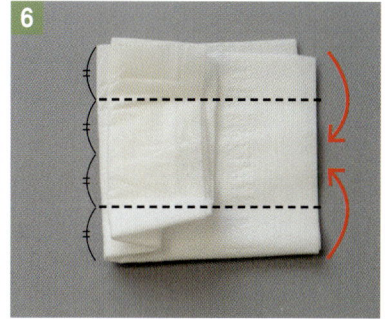

1/4 부분의 점선을 따라 접어주세요.

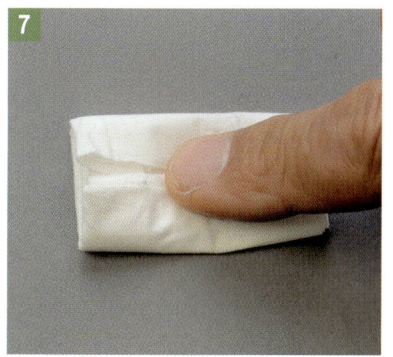

접은 상태. 벌어지지 않도록 손가락으로 누르고 있습니다.

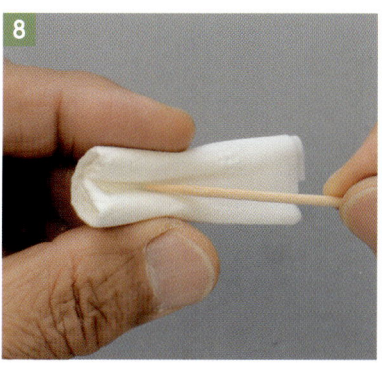

사이에 접착제를 발라줍니다.

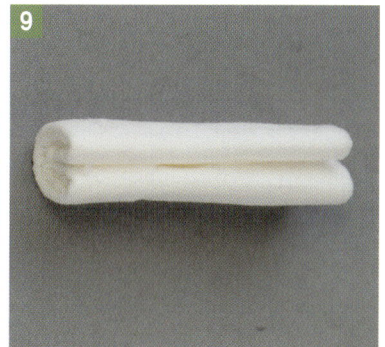

붙여주세요.

▶ 몸통 토대를 만들자 ②

10

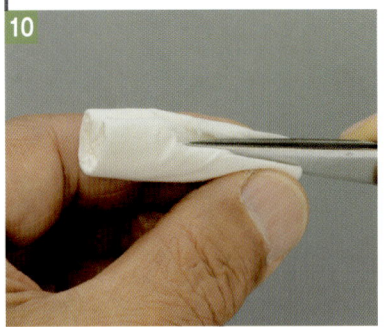

핀셋으로 사진처럼 눌러서 끝을 가늘게 만들어줍니다.

11

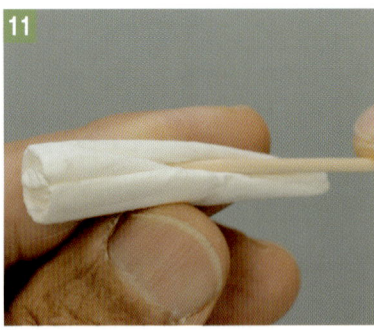

이쑤시개로 접착제를 발라주세요.

12

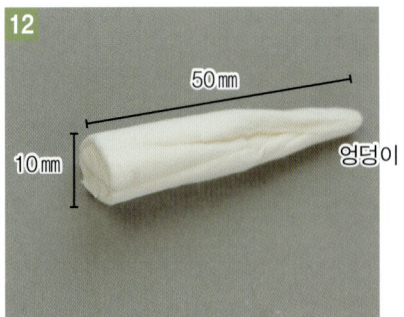

사진처럼 모양을 다듬어주세요. 가느다란 쪽이 엉덩이가 됩니다.

13

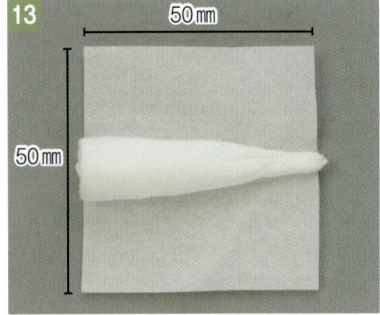

50×50mm 접착지(두 겹)에 접착제를 바르고 **12**를 얹어주세요.

14

접착제를 바르고 감싸줍니다.

15

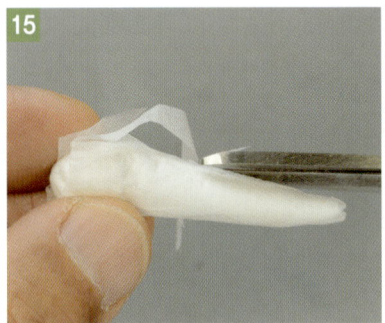

감싼 뒤에 남는 부분을 가위로 잘라주세요.

▶ 배의 마디를 붙이자

16

손가락으로 모양을 다듬어줍니다. 몸통 토대가 완성됐습니다.

17

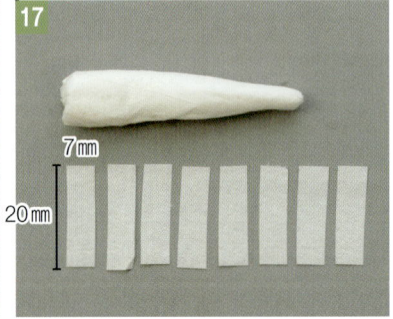

20×7mm 접착지(두 겹)을 8장 준비합니다. 이것이 배의 마디가 됩니다.

18

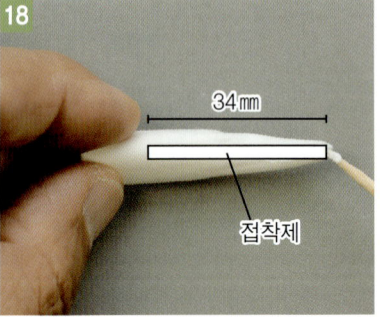

34mm 범위에 접착제를 가늘게 발라주세요.

19

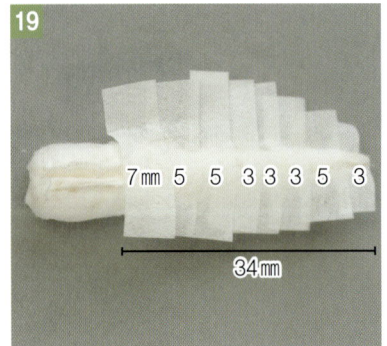

17의 접착지 8장을 사진처럼 배치해서 붙입니다.

20

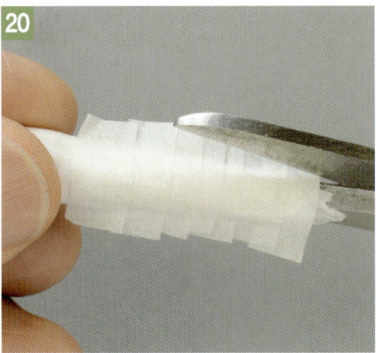

삐쳐 나온 부분을 잘라주세요.

21

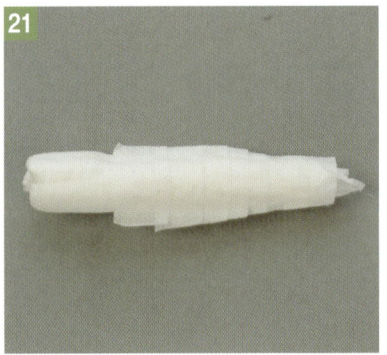

그런 다음 8장의 접착지 끝에 접착제를 조금 바르고 몸통에 밀착해줍니다.

▶ 등의 마디를 붙이자

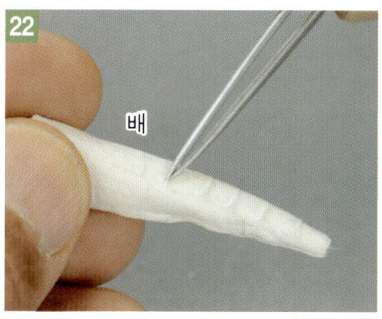

마디 경계를 핀셋으로 집어서, 마디답게 층을 만들어주세요.

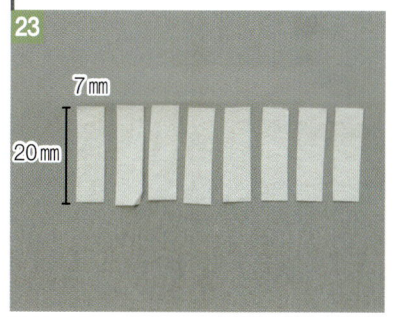

등의 마디에도 20×7㎜의 접착지(두 겹)을 8개 준비합니다.

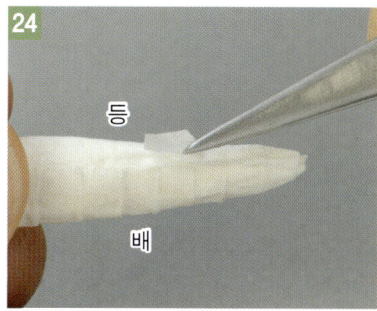

등 쪽에도 **23**을 1개씩 붙입니다. 배의 마디에 맞춰서 붙이세요.

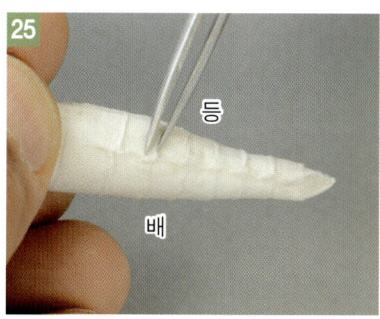

등에도 경계를 핀셋으로 집어서 마디답게 만들어줍니다.

배와 등의 마디를 다 붙였습니다. 위에서 본 모습.

▶ 배와 옆구리 부품을 붙이자

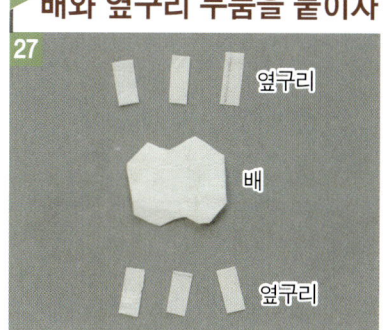

접착지(네 겹)에 배 부품과 옆구리 부품을 그리고 잘라주세요.

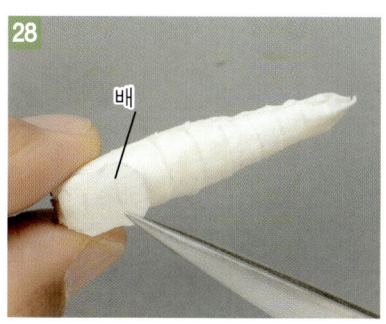

배 부품을 사진의 위치에 붙여줍니다.

옆구리 부품을 몸통 좌우에 3개씩 붙입니다.

▶ 모양을 다듬자

엉덩이 끝을 핀셋을 이용해서 최대한 깔끔하고 뾰족하게 해주세요.

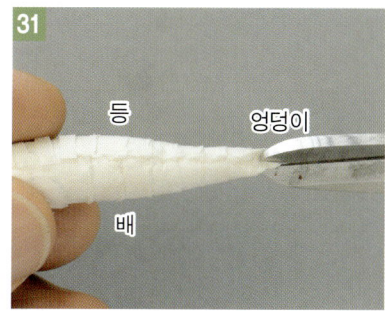

가위를 이용해 뾰족해진 부분을 V자 모양으로 잘라주세요.

자른 모습.

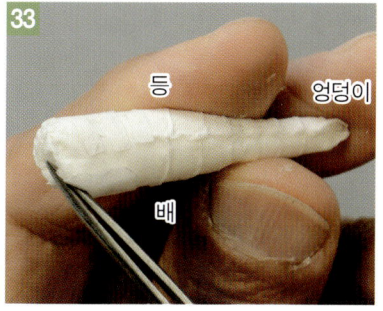

사진의 위치를 핀셋으로 우묵하게 눌러주세요.

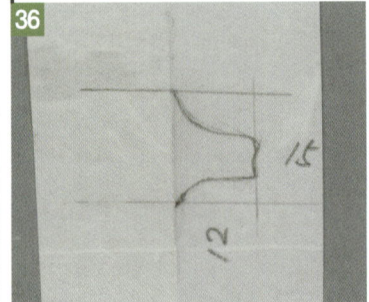

▶ 등 부품을 만들자

34

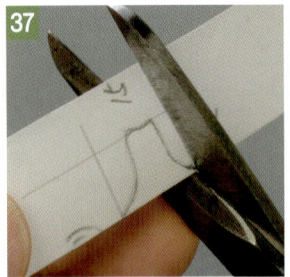

배를 핀셋 끝으로 찔러서 구멍을 뚫어주세요.

35

이쑤시개 끝에 접착제를 바르고 **34** 에서 뚫은 구멍에 꽂아줍니다.

36

접착지(네 겹)에 등 부품 도면을 옮겨 그립니다. 좌우 대칭 부품이므로 사진처럼 한 쪽만 그리면 됩니다.

37

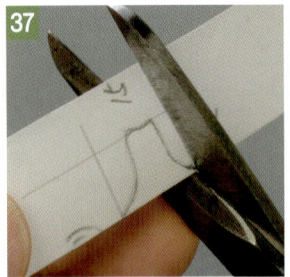

36 을 반으로 접고 가위로 잘라줍니다.

38

자른 상태.

39

38 을 펼친 모습.

40

둥근 젓가락을 굴리면서 곡면을 만들어줍니다.

41

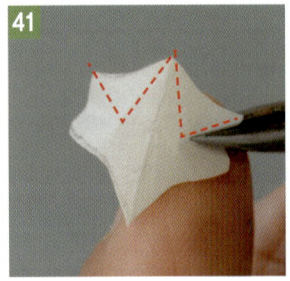

핀셋으로 점선 부분을 집어서 라인을 잡아줍니다.

42

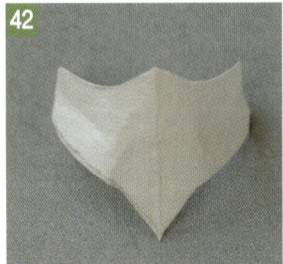

라인을 잡아준 모습.

43

다시 한 번 젓가락을 대서 곡면을 만듭니다.

44

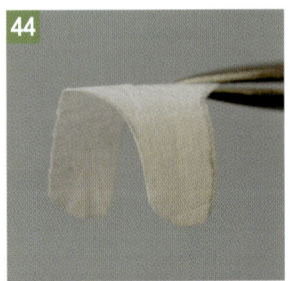

곡면을 만들어준 상태.

▶ 머리와 몸통을 대보고 균형이 맞는지 확인하자

45

머리 부품과 몸통 부품을 대보고 균형이 맞는지 확인하세요.

46

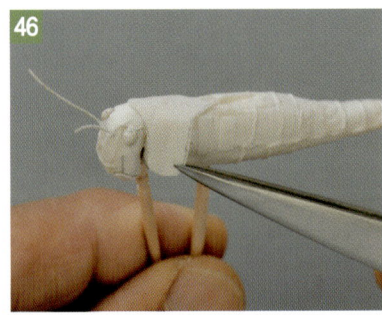

44 를 사진처럼 대보면서 균형이 맞는지 확인하세요.

47

머리와 몸통은 아직 접착하지 않습니다. 각각 색을 칠한 뒤에 접착할 것이니 이 상태로 놔두세요.

72

Step 03 다리를 만들자

메뚜기 다리를 만들겠습니다. 모양이 아주 멋진 뒷다리가 포인트입니다. 가장 중요한 것은 24인데, 왼손으로 부품을 잘 잡고 오른손의 핀셋으로 부품을 누르면서 신중하게 모양을 만들어갑니다.

▶ 앞다리와 가운뎃다리를 만들자

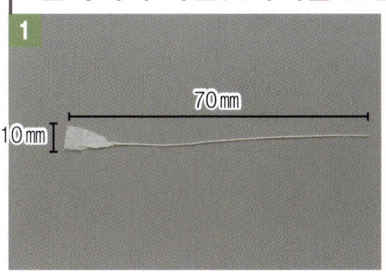
1
폭 10mm 홑겹으로 끈을 만들고(길이는 자유롭게 : 약 70mm) 접착제로 굳혀주세요.

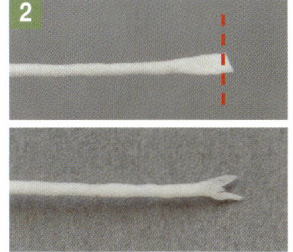
2
끝을 핀셋으로 누르고 조금 자른 뒤에 커터로 V자가 되도록 잘라줍니다.

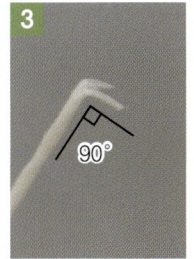
3
핀셋으로 사진처럼 90°로 구부립니다.

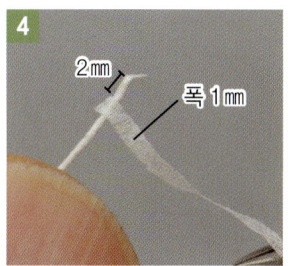
4
폭 1mm 홑겹의 끝에 접착제를 바르고 감아줍니다.

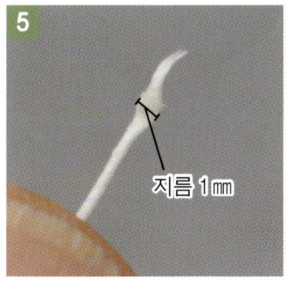
5
지름 1mm 정도가 되도록 감아준 뒤에 접착제로 고정합니다.

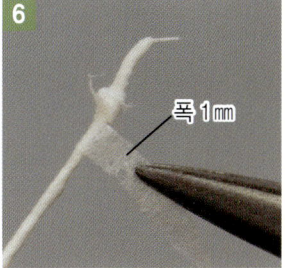
6
바로 옆에 마찬가지로 폭 1mm 홑겹을 감아줍니다.

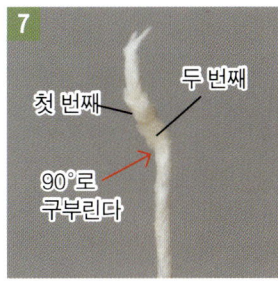
7
감은 뒤에 두 번째를 핀셋으로 눌러줍니다.

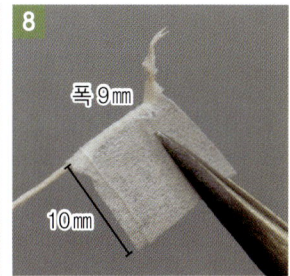
8
폭 9mm의 홑겹 끝에 접착제를 바르고 10mm 감아줍니다.

9
다 감은 뒤에 접착제로 고정하세요.

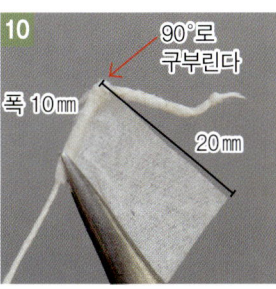
10
9 옆에 폭 10mm 홑겹을 20mm 감아줍니다.

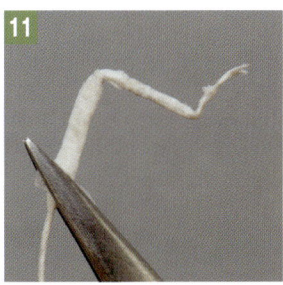
11
다 감은 모습. 모양을 다듬어줍니다.

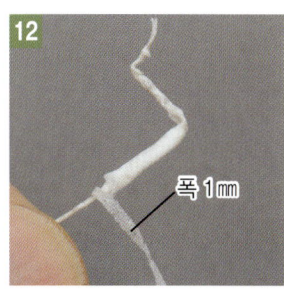
12
폭 1mm의 홑겹 끝에 접착제를 바르고 감아줍니다.

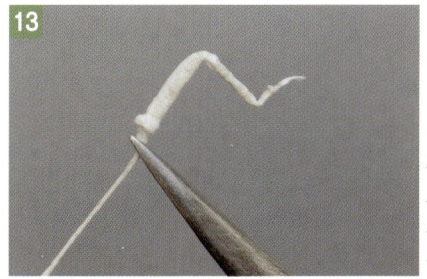
13
지름 1mm 정도까지 감은 뒤에 접착제로 고정하세요.

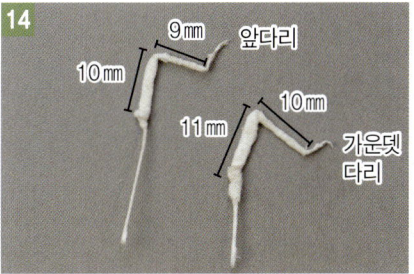
14
가운뎃다리도 같은 방법으로 만듭니다. 앞다리와 가운뎃다리는 제2관절과 제3관절의 크기가 조금 다릅니다.

▶ 뒷다리를 만들자

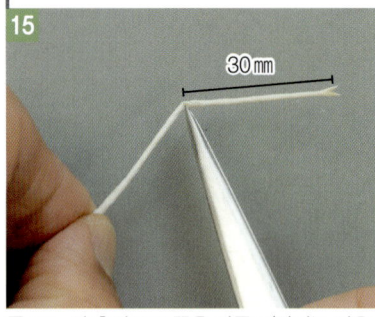

15
폭 50mm의 홑겹으로 끈을 만들고(길이는 자유롭게 : 약 70mm) **1** ~ **2** 와 마찬가지 과정을 거친 다음 사진의 위치에서 구부려줍니다.

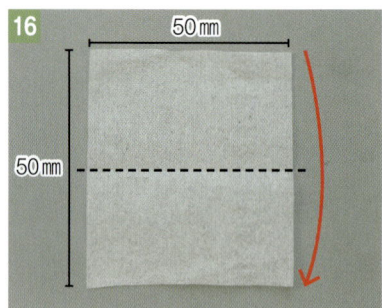

16
50×50mm의 홑겹을 준비해서 점선을 따라 반으로 접어줍니다.

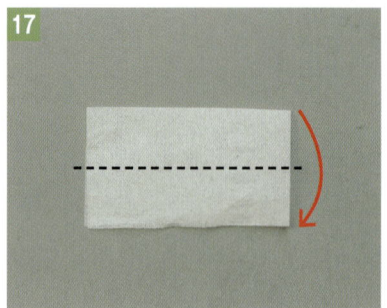

17
점선을 따라 반으로 접어주세요.

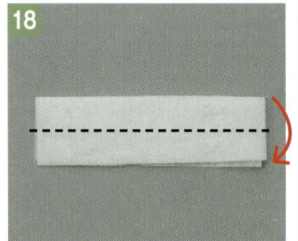

18
점선을 따라 반으로 접어주세요.

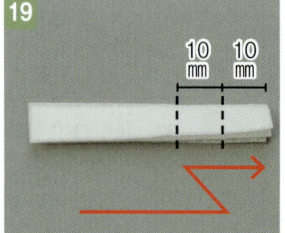

19
점선을 따라 Z자 모양으로 접어 주세요.

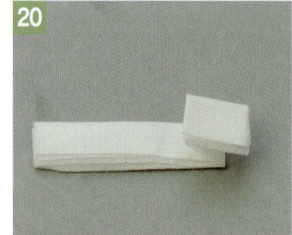

20
다 접은 모습. 접착제를 발라서 평평하게 해주세요.

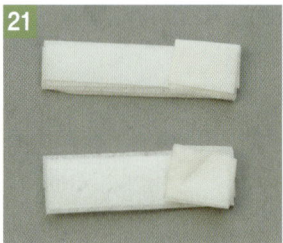

21
평평하게 만든 상태. 뒷다리 하나당 2개를 만듭니다.

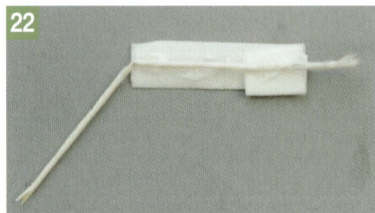

22
21 중 1개 위에 접착제를 바르고, **15** 를 사진과 같이 얹어줍니다.

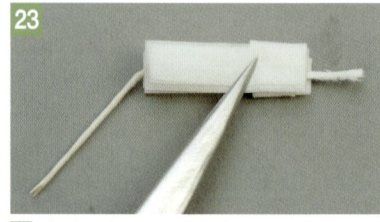

23
21 의 나머지 하나를 반대로 뒤집어서 사진처럼 붙여주세요.

24
핀셋과 손가락을 써서 뒷다리 굵은 부분의 모양을 만들어줍니다.

25
남는 부분은 가위로 잘라주세요.

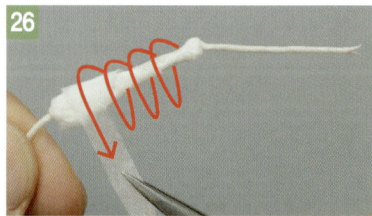

26
폭 5mm의 홑겹(길이 10cm)을 굵은 부분 전체에, 접착제를 조금씩 바르면서 감아줍니다.

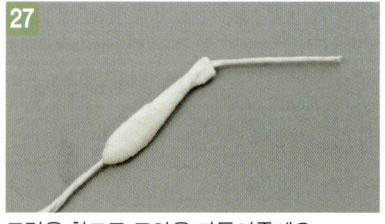

27
도면을 참고로 모양을 다듬어주세요.

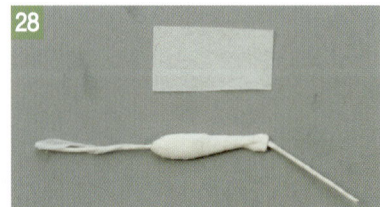

28
15×30mm 접착지(두 겹)을 준비하세요.

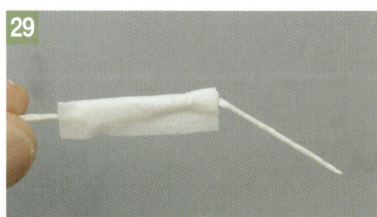

29
뒷다리의 굵은 부분을 감싸듯이 붙여줍니다.

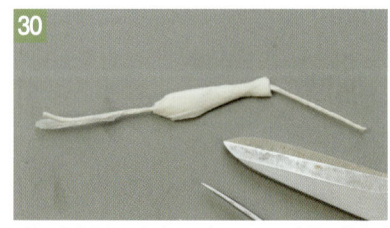

30
남는 부분은 가위로 자르고 모양을 다듬어 줍니다.

접착지(네 겹)에 뒷다리 부품의 도면을 그리고, 핀셋 끝을 이용해 나뭇잎 무늬로 금을 그어줍니다.

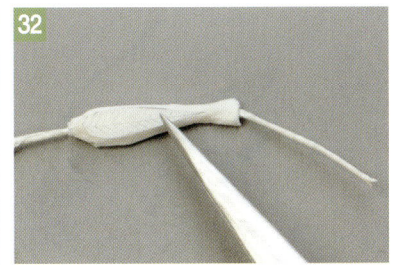

31 을 잘라서 30 에 접착제로 붙여줍니다.

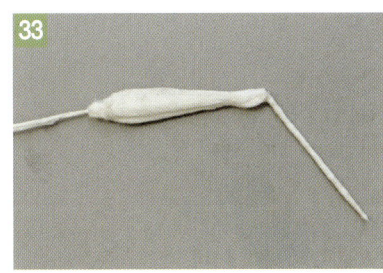

붙인 상태.

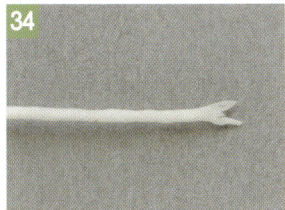

폭 20mm 홑겹으로 끈을 만들고 1 ~ 2 와 마찬가지 과정으로 발끝을 만들어줍니다.

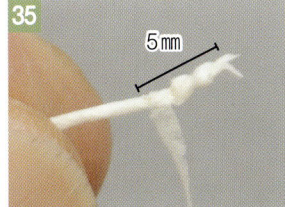

사진의 위치 세 곳에 4 ~ 7 과 마찬가지 과정으로 폭 1mm 홑겹을 감아줍니다.

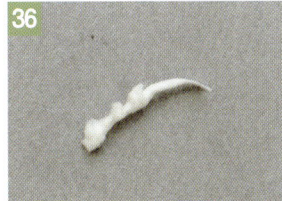

사진처럼 잘라주세요.

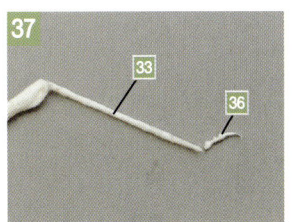

36 을 33 끝에 접착제로 붙여줍니다.

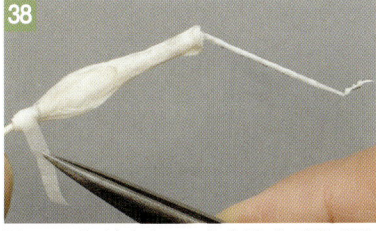

폭 3mm 홑겹(길이 10cm)의 끝에 접착제를 바르고 사진의 위치에 감아주세요.

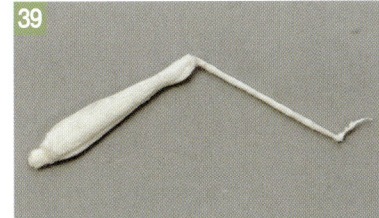

다 감은 모습.

폭 5mm의 홑겹으로 끈을 만들고, 2mm 간격으로 작고 비스듬하게 잘라줍니다(아래 그림 참조). 뒷다리 하나당 약 20개가 필요.

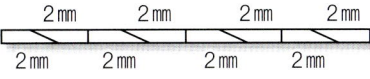

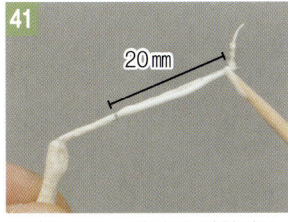

사진의 20mm 위치에 접착제를 발라주세요.

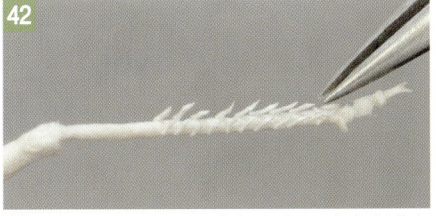

40 에서 만든 20개를 10개씩 두 줄로 나눠서 붙여줍니다. 뒷다리 완성.

▶ 앞다리, 가운뎃다리, 뒷다리 마무리

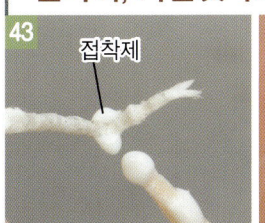

접착제

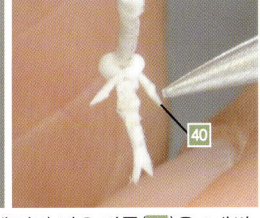

40

앞다리, 가운뎃다리, 뒷다리에 각각 작은 발톱(40)을 2개씩 붙입니다.

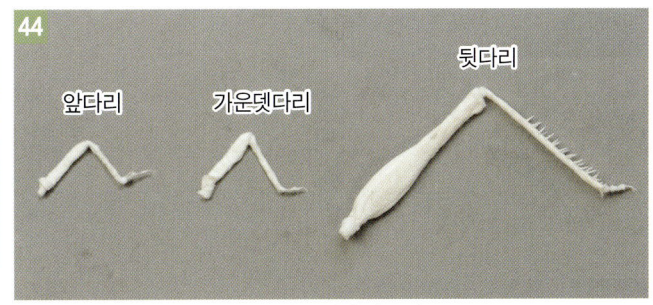

뒷다리

앞다리   가운뎃다리

앞다리, 가운뎃다리, 뒷다리 완성. 2개씩 만드세요.

풍뎅이(p.32)는 완전히 조립한 다음 색을 칠했지만, 메뚜기의 경우에는 작은 부품이 많아서 부품마다 색을 칠하고 말린 뒤에 조립합니다. 마무리 부분이니까 특히 신경 써서 작업하세요.

▶ 날개를 만들자

접착지(네 겹)에 날개 도면을 그려주세요.

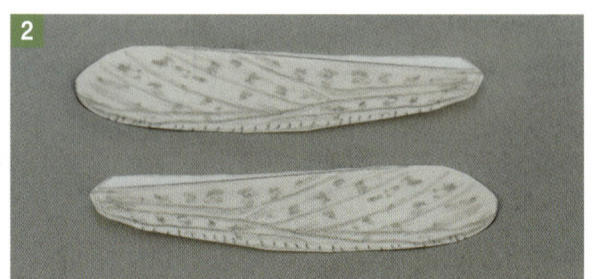

가위로 잘라줍니다. 좌우, 총 2개를 만듭니다.

▶ 날개, 몸통, 머리, 등 부품, 다리를 채색

물감을 준비합니다.

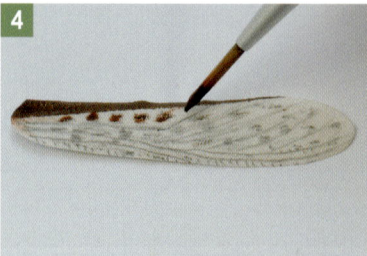

날개에서 색이 진한 부분부터 칠해주세요.

날개 전체를 칠해주세요.

몸통도 칠해줍니다.

몸통 옆구리의 무늬도 칠해주세요.

머리를 칠할 때는 신중을 기해주세요.

등의 부품도 칠해주세요.

다리도 꼼꼼하게 칠해주세요.

▶ 조립

채색이 끝나고 다 마르면 머리 뒤쪽에 접착제를 바르세요.

몸통과 붙여줍니다.

등 부품도 붙여줍니다. 머리에 꽂아뒀던 이쑤시개를 제거합니다.

머리, 몸통, 등 부품을 붙이는 단계에서 다시 한 번 전체를 채색해서 보다 리얼하게 꾸며줍니다.

물감이 마르면 다리를 붙일 6곳에 접착제를 발라주세요.

앞다리, 가운뎃다리, 뒷다리를 신중을 기해서 붙입니다.

날개 두 장도 조심해서 붙이세요. 좌우가 틀리지 않게 신경 써주세요.

▶ 바니시를 칠하자

접착제가 마르면 바니시(니스)를 칠해주세요. 날개 이외의 부분에도 칠하세요.

▶ 완성

뒤에서 본 모습.

정면에서 본 모습

메뚜기 완성.

✔ 다양한 각도에서 살펴봅시다(채색 전)

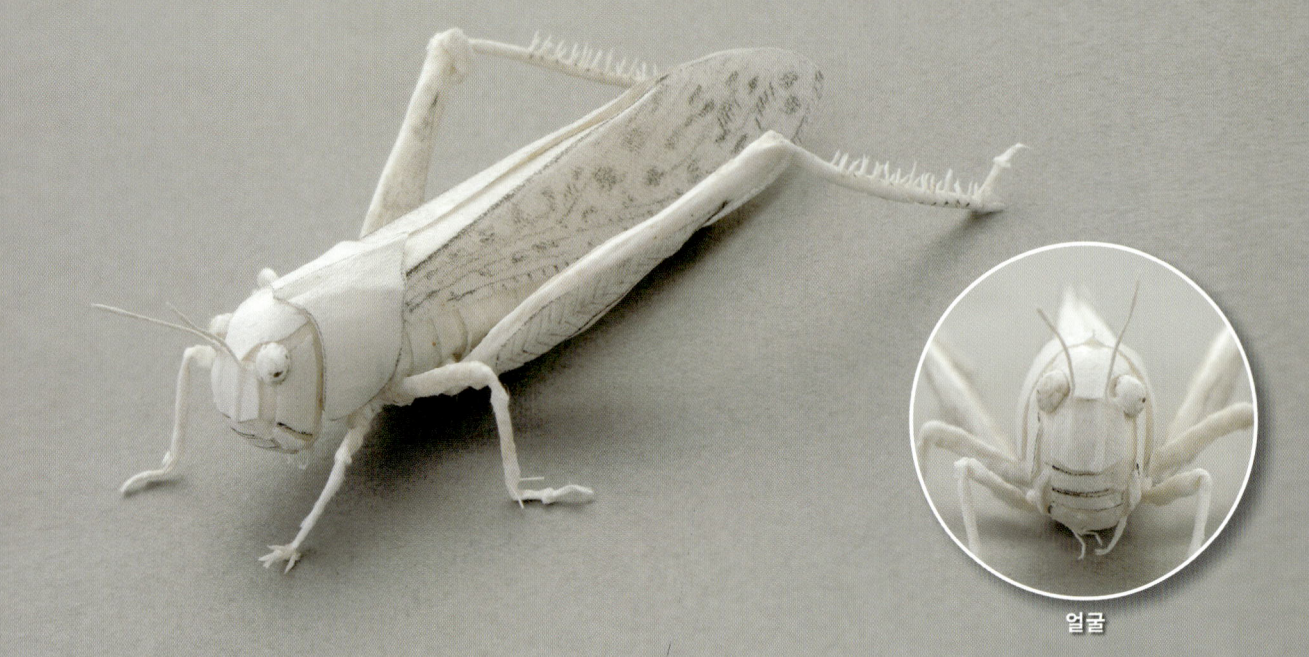

얼굴

비스듬히 뒤쪽

옆

위

아래

비스듬히 앞

✔ 다양한 각도에서 살펴봅시다(완성판)

얼굴

비스듬히 뒤쪽

옆

위

아래

비스듬히 앞

장수잠자리

▶몸통 마디 표현에 신경 써서 리얼한 잠자리를 만들자.

Step

00 메뚜기 도면과 설명

날개를 크게 펼친 모습이 멋진 장수잠자리. 우둘우둘한 몸통과 커다란 눈 등 포인트가 되는 부분이 많은 곤충입니다만, 가장 큰 포인트는 투과지(p.28)로 만드는 투명한 날개입니다. 사인펜으로 무늬를 꼼꼼하게 그리고 옅은 갈색을 칠했습니다.

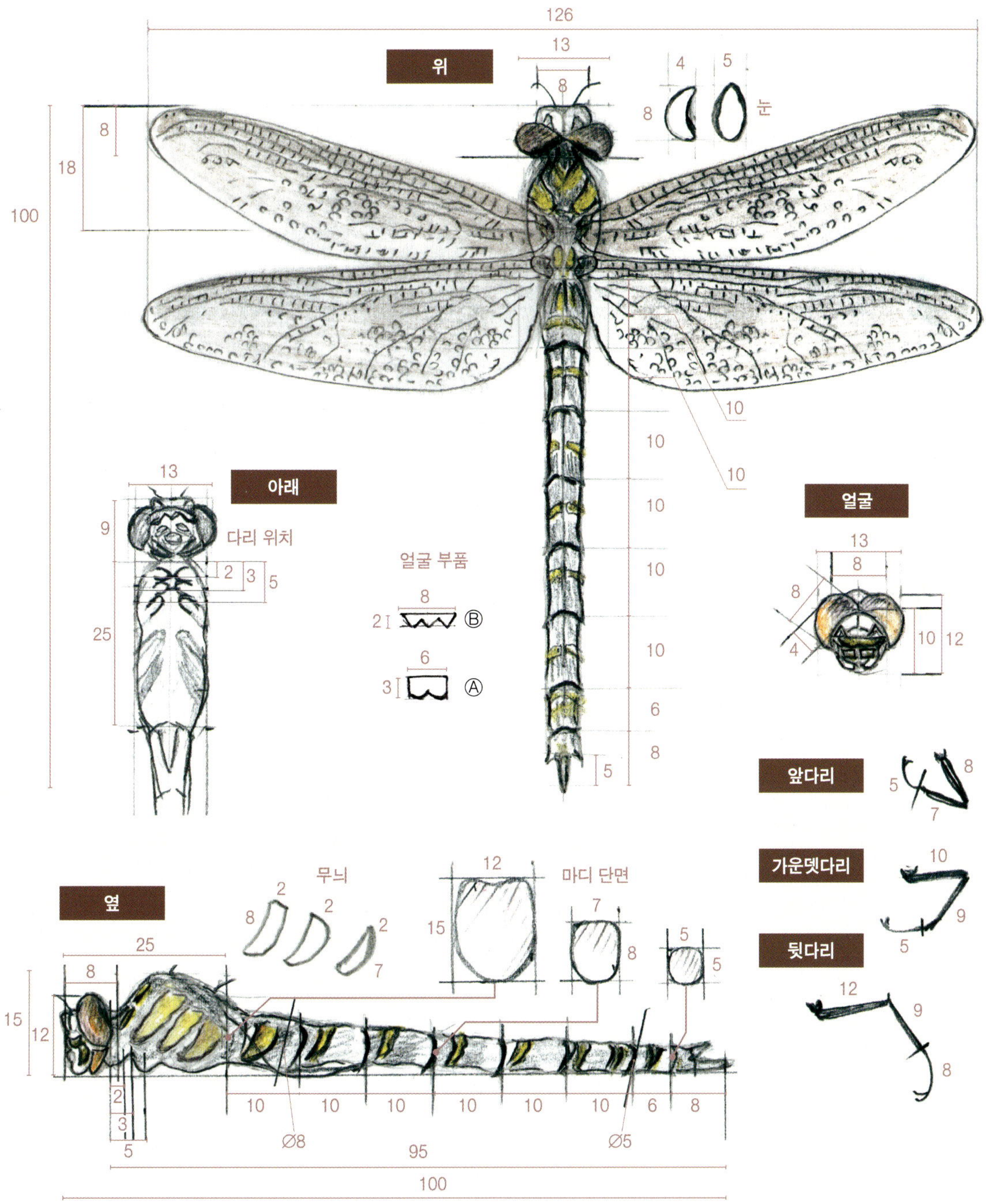

126

13

8

위

4　5

8

눈

8

18

8

100

10

10

13

아래

9

다리 위치

2　3　5

얼굴 부품

얼굴

13

8

8

10

10　12

4

25

8

2 ㅣ ⟨B⟩

6

3

⟨A⟩

10

10

6

8

앞다리

5

8

7

5

무늬

12

마디 단면

가운뎃다리

10

2

2

15

7

9

옆

8

2

2

8

5

뒷다리

25

5

8

12

15

12

12

9

2

8

3

10　10　10　10　10　10　6　8

5

Ø8

Ø5

95

100

※도면 : 실물 크기. 치수는 대략적인 것입니다(단위 : ㎜).

01 몸통을 만들자.

몸통은 2겹 티슈를 한 장 사용해서 토대를 만듭니다. 항상 **10**의 크기를 확인하면서 모양을 만들어가세요. 배와 등의 마디를 맞춰서 붙이고, 마디답게 층을 만들어줍니다. 메뚜기의 마디보다 층이 조금 더 크게 들어가는 점이 포인트입니다.

▶ 몸통의 토대를 만들자

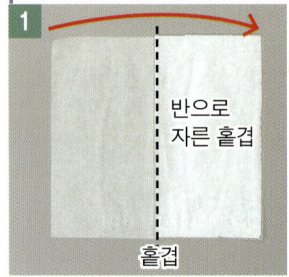
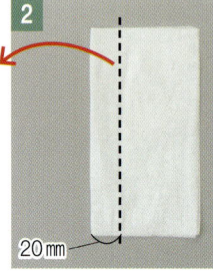
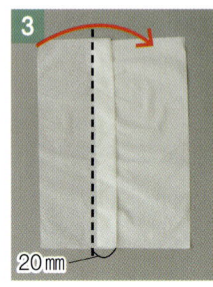
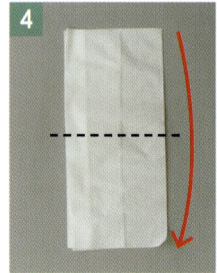
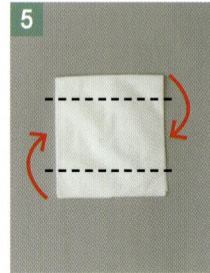

홑겹 티슈 위에 반으로 자른 홑겹의 절반을 얹고, 반으로 접어줍니다(총 3겹).

20mm 부분에서 위쪽 한 겹만 접어줍니다.

또 20mm 부분에서 접어줍니다.

점선을 따라 반으로 접어주세요.

가운데서 만나도록 점선을 따라 접어주세요.

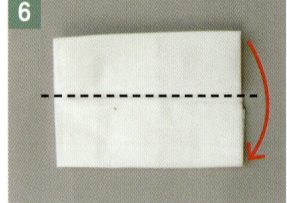
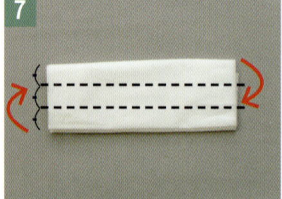
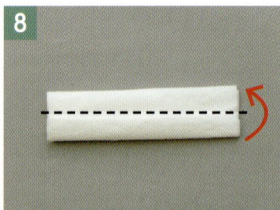
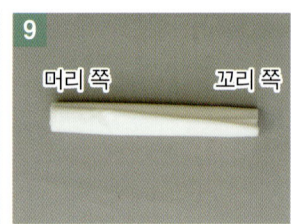

또 점선을 따라 반으로 접어주세요.

3등분으로 접어주세요.

점선을 따라 반으로 접어주세요.

접은 상태. 왼쪽이 머리 쪽, 오른쪽이 꼬리 쪽이 됩니다.

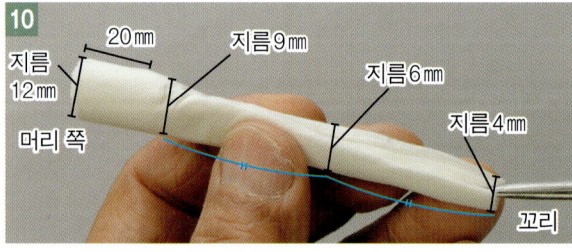
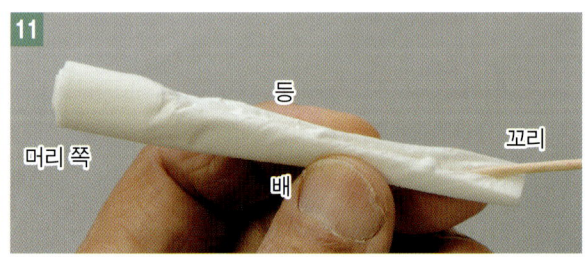

머리 쪽의 접합 부분 20mm에 접착제를 발라서 붙이고, 꼬리 쪽이 가늘어지도록 핀셋으로 모양을 다듬어줍니다.

접합 부분에 접착제를 발라서 붙여줍니다.

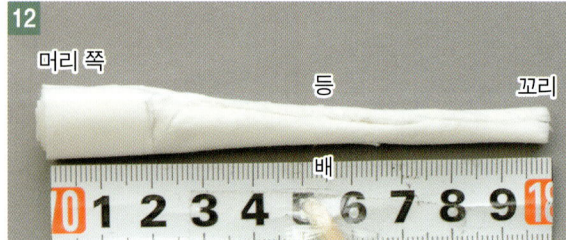
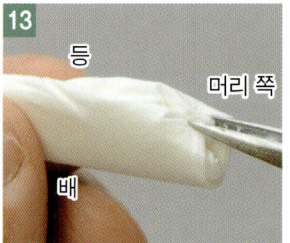

손가락으로 눌러서 사진과 같은 모양을 만들어주세요.

머리 쪽은 사진처럼 누르고 접착제로 붙여줍니다

붙인 상태.

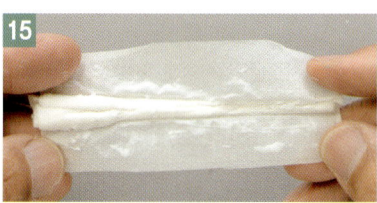

15 50×100mm 접착지(두 겹) 중심 부분에 접착제를 바르고 몸통의 배가 아래로 가도록 얹어주세요

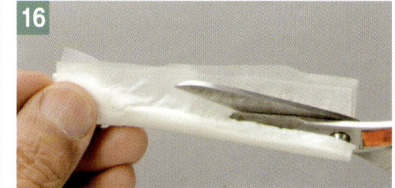

16 15를 감싸서 붙여주고, 남는 부분은 잘라주세요.

17 자른 상태. 몸통 토대 완성.

▶ 꼬리를 만들자

18 도면을 참고하며 꼬리 끝을 잘라줍니다.

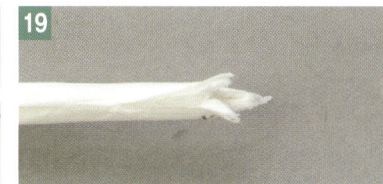

19 잘라준 모습.

▶ 마디를 붙이자

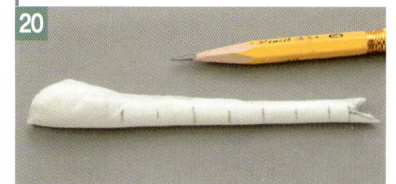

20 도면을 참고하여 마디를 붙일 위치를 표시합니다.

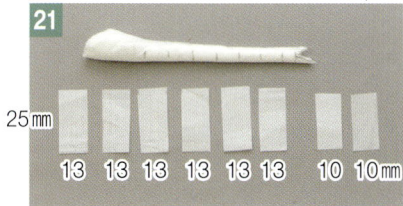

21 접착지(두 겹) 25×13mm를 6장, 25×10mm를 2장 준비합니다.

22 꼬리 끝에 25×10mm 1장을 감싸듯이 붙여줍니다.

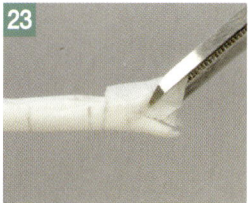

23 모양에 맞춰서 잘라주세요.

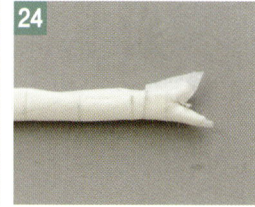

24 잘라낸 상태.

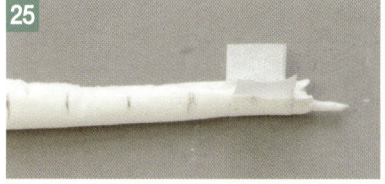

25 21의 두 번째 장을 표시한 위치에 붙입니다.

26 남는 부분을 자릅니다.

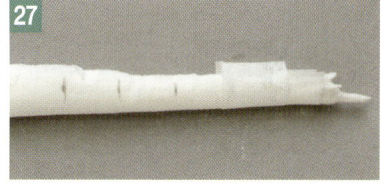

27 세 번째(25×13mm)를 두 번째와 약간 겹쳐지게 붙이세요.

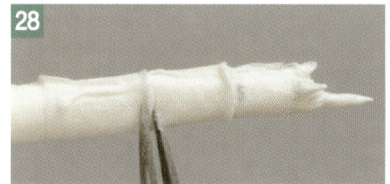

28 겹쳐진 부분을 핀셋을 이용해서 마디 모양이 되도록 다듬어주세요.

29 21의 남은 것도 똑같이 붙여주고 모양을 다듬어주세요.

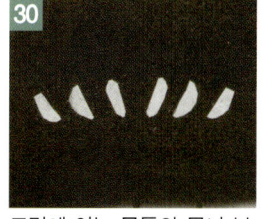

30 도면에 있는 몸통의 무늬 부품을 접착지(네 겹)에 그리고 잘라줍니다.

31 둥근 젓가락 끝으로 눌러서 곡면을 만듭니다.

32 몸통의 무늬 위치에 접착제를 바르고 30을 붙여줍니다.

33 붙인 상태. 사진의 위치에 이쑤시개를 꽂고, 스티로폼 받침대에 꽂아주세요.

머리의 토대를 만들 때는 **8**에서 높이를 10㎜로 만들고, **11**에서 폭을 8㎜로 다듬는 것이 중요합니다. 눈도 도면을 참고로 모양과 크기를 다듬고, **32**에서 폭이 13㎜가 되도록 합니다. 얼굴은 부품 사이의 균형이 미묘하게 달라지는 것만으로도 인상이 크게 변하니 신중히 작업하세요.

▶ 머리 토대를 만들자

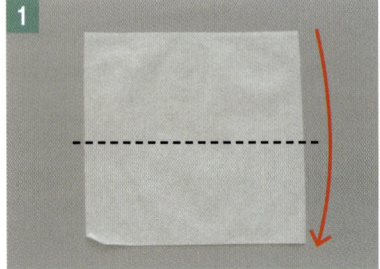

1
1/4 크기로 자른 홑겹을 준비하고 점선을 따라 반으로 접어주세요.

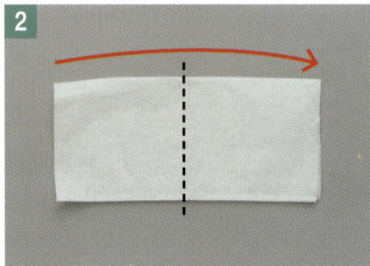

2
점선을 따라 반으로 접어주세요.

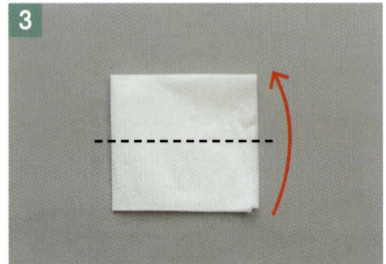

3
점선을 따라 반으로 접어주세요.

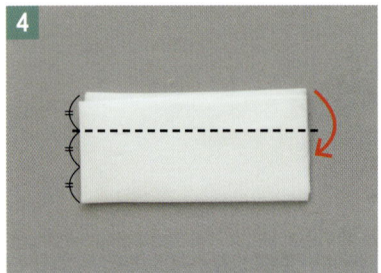

4
1/3 부분을 접어주세요.

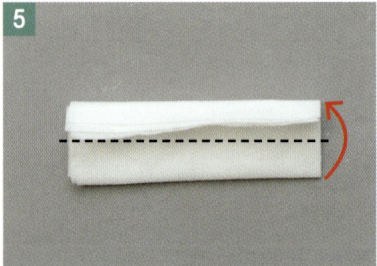

5
점선을 따라 반으로 접어주세요.

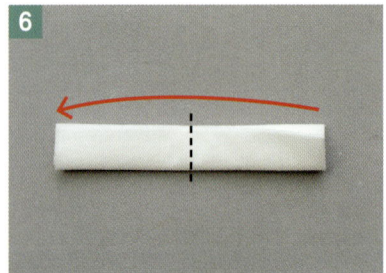

6
점선을 따라 반으로 접어주세요.

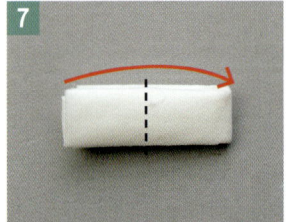

7
점선을 따라 반으로 접어주세요.

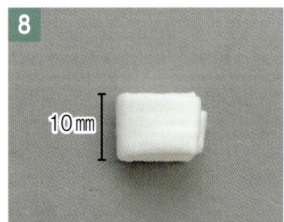

8
접은 상태.

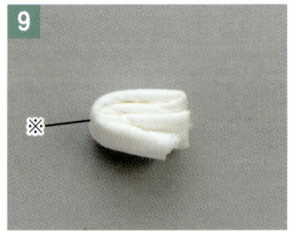

9
위에서 본 모습. ※가 얼굴이 됩니다.

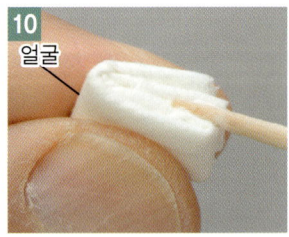

10
사이에 접착제를 바르고 붙여주세요.

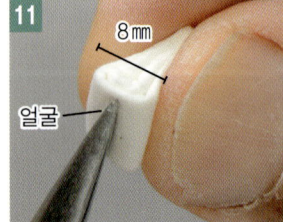

11
얼굴 폭이 8㎜가 되도록 핀셋으로 눌러줍니다.

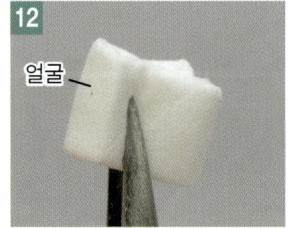

12
눌러준 상태.

13
사진의 위치를 가위로 비스듬하게 잘라주세요.

14
자른 상태.

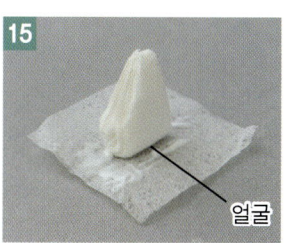

15

25×25㎜의 홑겹에 접착제를 바르고 얼굴이 아래로 가게 얹어주세요.

얼굴

16

15를 감싸줍니다.

17

얼굴

남는 부분을 자르고 모양을 다듬어주세요.

18

얼굴

핀셋으로 구멍을 뚫고 이쑤시개를 꽂아주세요

▶ 눈을 만들자

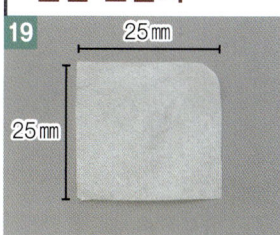

19

25㎜
25㎜

25×25㎜의 홑겹을 준비하세요.

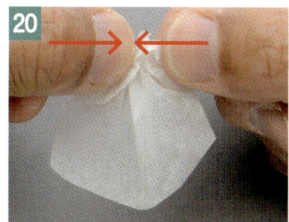

20

19의 우상단과 좌상단을 중심으로 모아줍니다.

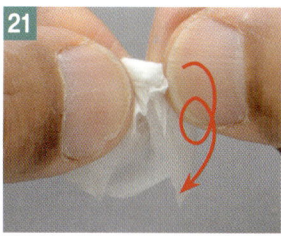

21

모은 부분을 아래로 말아주세요.

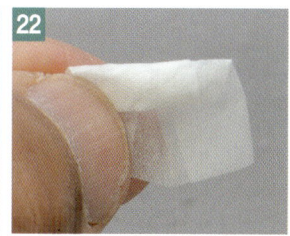

22

말고 있는 중.

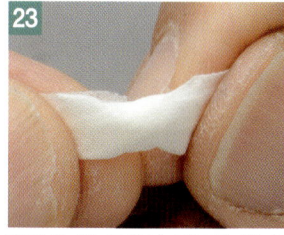

23

평평한 통 모양이 되도록 말아줍니다.

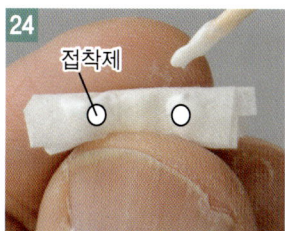

24

접착제

평평한 통 모양이 되면, 사진의 위치에 접착제를 바릅니다.

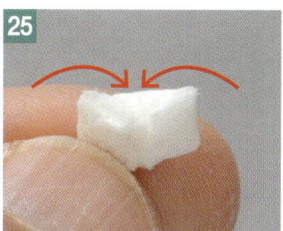

25

중심으로 접어서 붙여줍니다.

26

눈 모양으로 다듬어주세요.

27

둥근 젓가락 끝을 대서 곡면을 만듭니다.

28

2개를 만드세요.

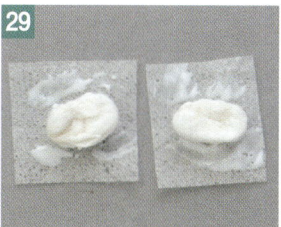

29

15×15㎜ 홑겹에 접착제를 바르고 둥근 면이 아래로 가게 얹어줍니다.

30

29를 감싸고 남는 부분을 자른 뒤에 모양을 다듬어줍니다.

31

30의 끝부분에 접착제를 바르세요.

32

13㎜

30을 붙여줍니다. 눈 완성.

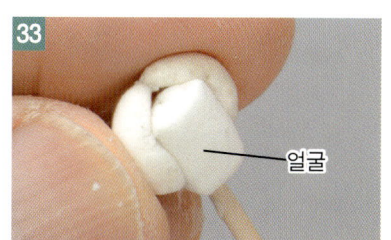

33

얼굴

18에 맞춰보며 위치를 확인하세요.

▶ 얼굴 부품을 붙이자

34

얼굴

사진의 위치를 핀셋으로 집어서
선을 잡아줍니다.

35

32에 접착제를 발라서 붙여주
세요.

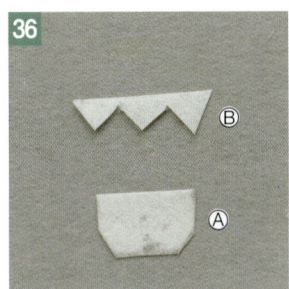

36

B

A

접착지(네 겹 : 크기는 자유)에
도면의 얼굴 부품을 그리고 잘
라주세요

37

B

A

36을 사진의 위치에 붙여주세요.

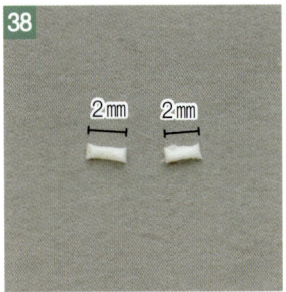

38

2mm   2mm

폭 15mm 홑겹(길이 약 30mm)로
끈을 만들고, 2mm로 잘라줍니다
(2개를 만듭니다).

39

38을 사진의 위치에 붙입니다.

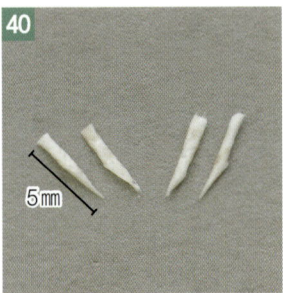

40

5mm

폭 15mm로 끈(길이 약 30mm)을
만들고, 5mm 부분에서 비스듬하
게 자르고 핀셋으로 눌러주세요
(4개를 만드세요).

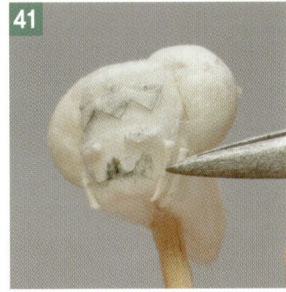

41

40을 사진의 위치에 붙입니다.

▶ 머리와 몸통을 붙이자

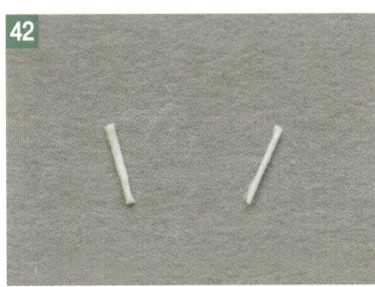

42

폭 3mm 홑겹(길이 약 30mm)으로 끈을 만들
고 3mm로 잘라줍니다(2개 만드세요).

43

42를 사진의 위치에 붙입니다.

44

사진의 위치를 가위로 잘라줍니다.

45

자른 상태.

46

45를 몸통에 대보고 접착제로 붙여
주세요.

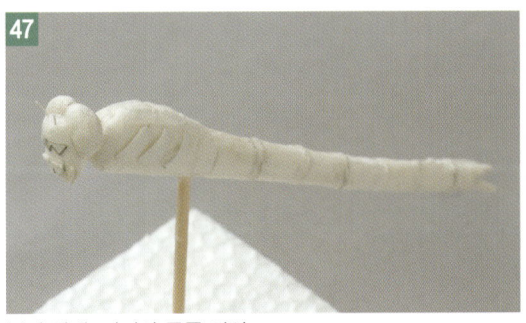

47

붙인 상태. 머리와 몸통 완성.

Step 03 다리를 만들자

장수잠자리의 다리 만드는 방법은, 기본적으로는 지금까지 만들었던 곤충의 다리와 같습니다. 다리 6개가 거의 같은 모양이고 관절 사이의 크기가 앞다리, 가운뎃다리, 뒷다리마다 미묘하게 다를 뿐입니다. **12~13** 에서 다리를 붙이는 위치와 각도를 신경 써주세요.

▶ 앞다리, 가운뎃다리, 뒷다리를 만들자

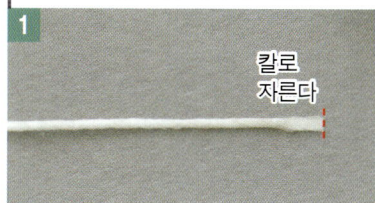

폭 10mm의 홑겹(길이 약 50mm)으로 끈을 만들고, 끝을 핀셋으로 누른 뒤에 칼로 살짝 잘라줍니다.

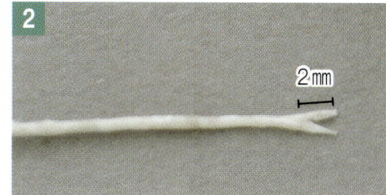

끝을 V자 모양으로 잘라주세요.

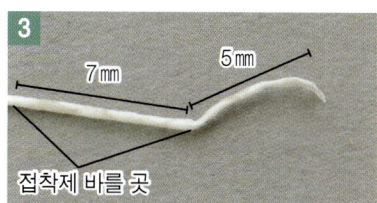

5mm 위치에서 핀셋으로 구부린 뒤에, 7mm에 접착제를 발라주세요.

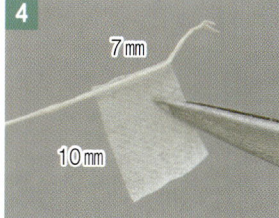

3 에서 접착제를 바른 곳에 폭 7mm의 홑겹(길이 10mm)를 감아주세요.

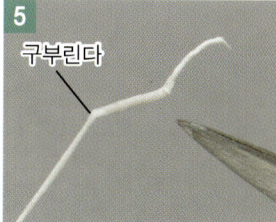

다 감은 상태. 마지막에 접착제를 살짝 발라서 붙여주세요.

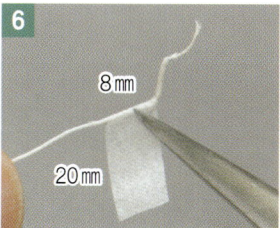

5 에서 구부린 곳에 8mm 홑겹(길이 20mm)을 감아줍니다.

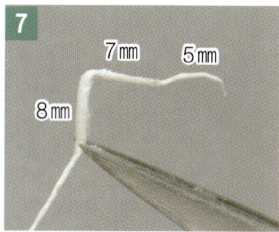

다 감은 상태. 이게 앞다리가 됩니다.

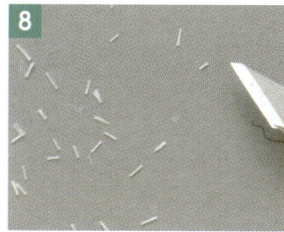

폭 3mm 홑겹(길이 약 30mm)으로 끈을 만들고, 1.5mm 간격으로 잘라줍니다(60개를 만듭니다).

7 의 7mm 부분에 **8** 을 5개씩, 2줄로 붙여주세요.

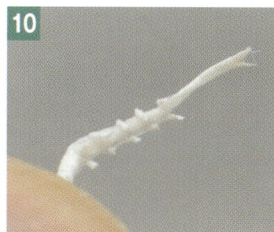

5개씩 2줄로 붙인 상태. 앞다리 완성.

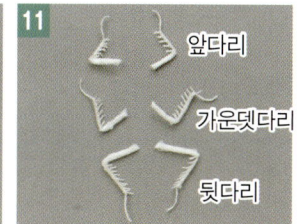

가운뎃다리, 뒷다리도 **1~10** 과 똑같이 만드세요. 앞다리는 크기가 다르니까 주의. 도면을 보며 확인하세요.

다리 위치에 접착제를 발라주세요.

조심스럽게 다리를 붙입니다.

다리를 붙인 모습.

날개는 사인펜으로 그리는데, 가는 선과 굵은 선을 의식하며 구분해서 그리세요. 날개의 채색은 **4**처럼 다른 종이에 칠해서 색을 확인한 뒤에 칠하세요. **12**~**13**에서 날개를 붙일 때는 접착제가 마르기 시작했을 때 붙이면 위치를 잡기 쉽습니다.

▶ 날개를 칠하자

물감을 준비하세요.

투과지(두 겹)을 도면에 대고 사인펜으로 날개의 모양과 무늬를 따라 그립니다.

양쪽 날개를 그린 상태. 이 뒤에 윤곽을 따라 잘라줍니다.

물감을 섞어서 색을 만들고, 다른 종이에 칠해서 색을 확인합니다.

색이 정해지면 잘라낸 날개에 칠해주세요.

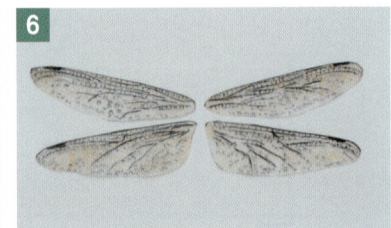

날개 네 장에 칠한 상태. 윗면에만 칠해줍니다.

날개를 붙여줍니다.

접착제가 굳을 때까지 말립니다.

▶ 얼굴, 몸통, 다리, 문양을 칠하자

얼굴, 몸통, 다리를 칠해주세요.

몸통 문양도 꼼꼼하게 칠해줍니다.

▶ 바니시를 칠하자

색이 마르면 바니시(니스)를 칠해주세요.

▶ 날개를 붙이자

12

날개를 붙일 위치에 접착제를 발라주세요.

13

날개 밑동에도 접착제를 조금 바르고, 하나씩 붙여줍니다.

14

신중하게 위치를 정하고 붙여주세요.

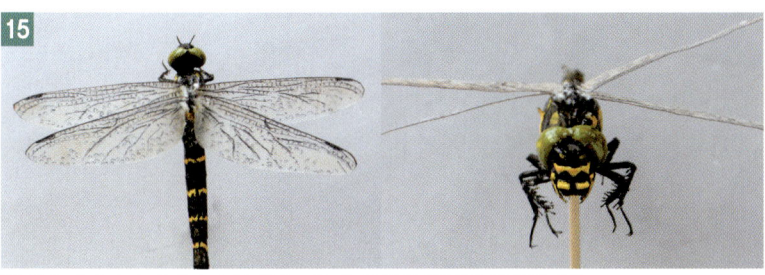

15

각도를 이리저리 바꿔가며 살펴보고 날개 위치와 각도를 조절하세요.

16

접착제가 굳을 때까지 말립니다.

▶ 등의 솜털을 붙이자

17

마지막으로 등의 솜털을 붙입니다. 등에 접착제를 바르세요.

18

홑겹 티슈를 뭉치고 사진처럼 사인펜으로 칠해줍니다.

19

핀셋으로 잘게 찢어주세요.

20

등 전체를 메운다는 느낌으로 19 를 여러 번에 나눠서 붙여주세요.

▶ 완성

21

장수잠자리 완성.

22

다른 각도에서 본 모습.

✔다양한 각도에서 살펴봅시다(채색 전)

얼굴

위　아래

옆

✔다양한 각도에서 살펴봅시다(채색 전)

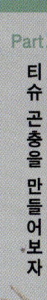

얼굴

위 | 아래

옆

장수풍뎅이

▶커다란 뿔과 단단한 몸을 리얼하게 만들어보자

Step

00 장수풍뎅이의 도면과 설명

장수풍뎅이는 힘과 아름다움을 겸비한, 많은 곤충들 중에서도 특히 더 매력적인 벌레입니다. 크고 작은 뿔, 머리, 날개, 다리 등 모든 부위가 만드는 보람이 있습니다. 단단한 윗날개는 접착지(여덟 겹)을 숟가락으로 다듬어서 사용합니다.

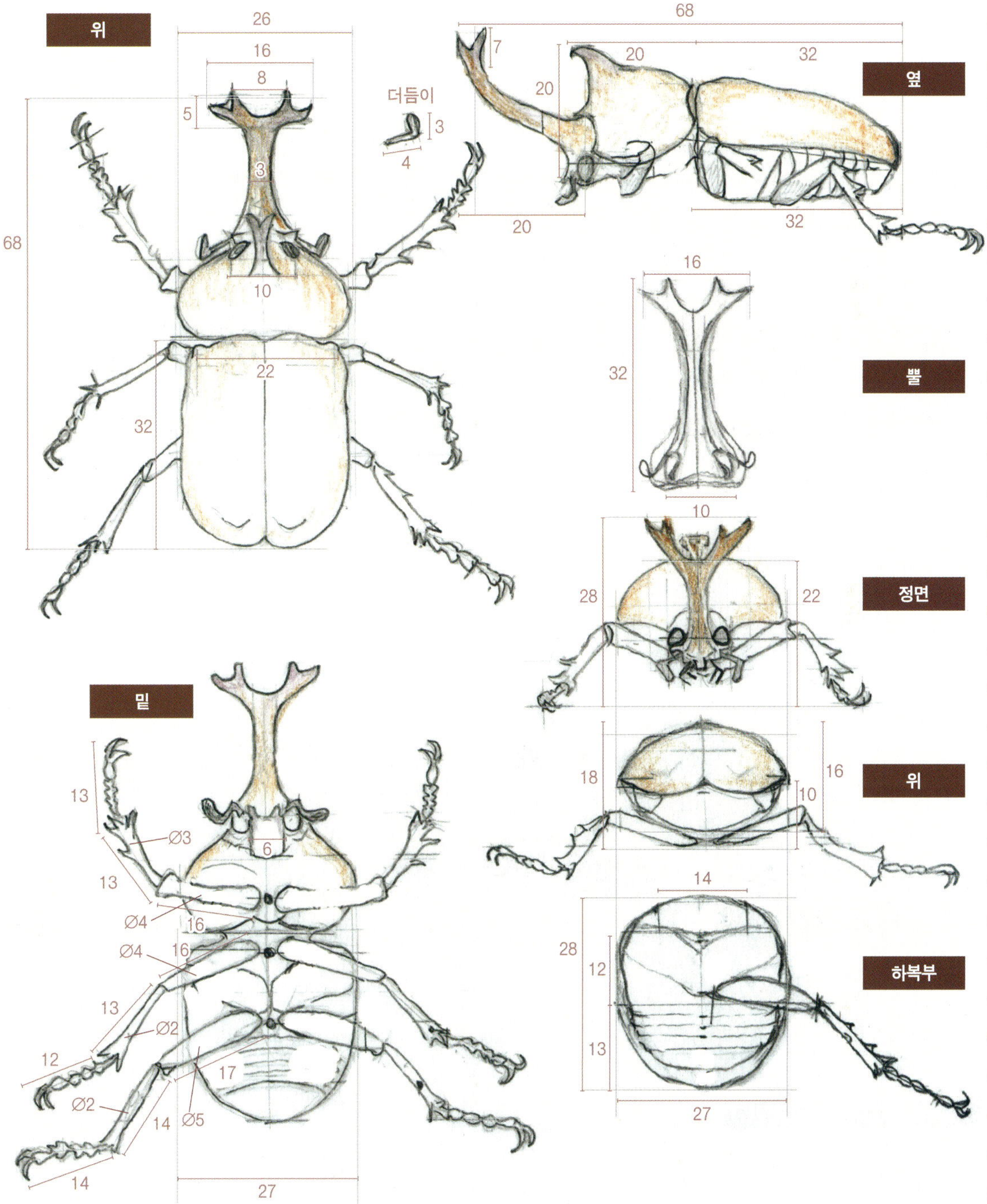

위

26

16

8

5

더듬이

3

4

3

68

7

20

32

20

20

32

옆

16

32

뿔

10

22

32

10

28

22

정면

밑

18

16

10

위

13

Ø3

13

Ø4

16

Ø4

16

13

Ø2

12

Ø2

17

14 Ø5

14

6

14

27

28

12

13

14

27

하복부

도면 : 실물 크기. 치수는 대략적인 것입니다(단위 : ㎜).

93

Step

01 몸통을 만들자.

몸통의 토대는 두 겹 티슈와 홑겹을 반으로 자른 것을 합쳐서 만듭니다. **8**에서 폭 26㎜, 길이 28㎜ 상태로 만드는 것이 포인트. 그리고 **9**~**17** 사이에 천천히, 꼼꼼하게 몸통의 둥근 느낌을 만들어가는 것도 중요합니다.

▶ 몸통의 토대를 만들자

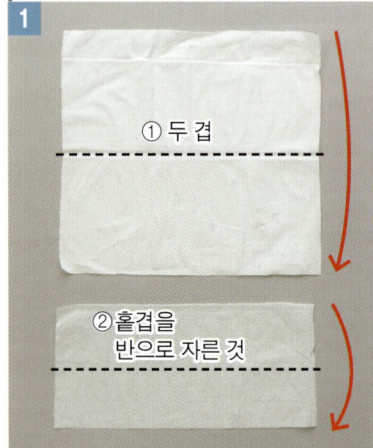

1

①두 겹

②홑겹을 반으로 자른 것

①두 겹 티슈 1장과 ② 홑겹을 반으로 자른 것 한 장을 각각 점선을 따라 반으로 접어주세요.

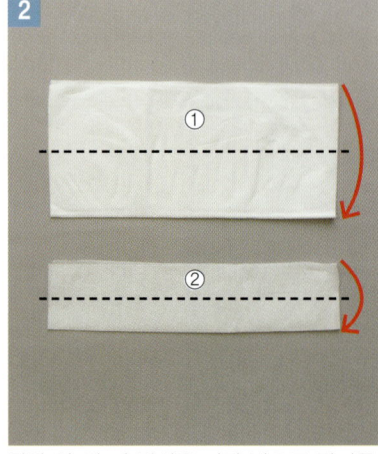

2

①

②

각각 한 번 더 점선을 따라 반으로 접어주세요.

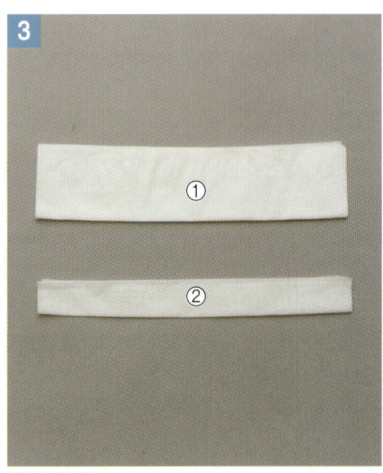

3

①

②

접은 상태.

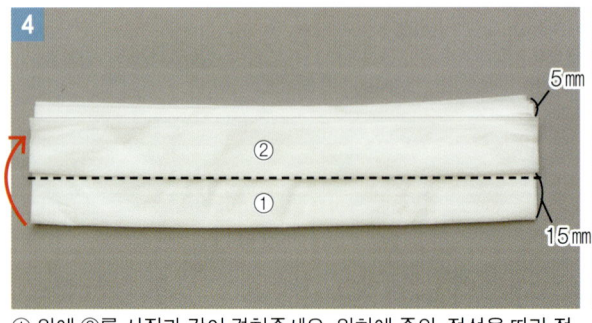

4

5㎜

②

①

15㎜

① 위에 ②를 사진과 같이 겹쳐주세요. 위치에 주의. 점선을 따라 접어줍니다.

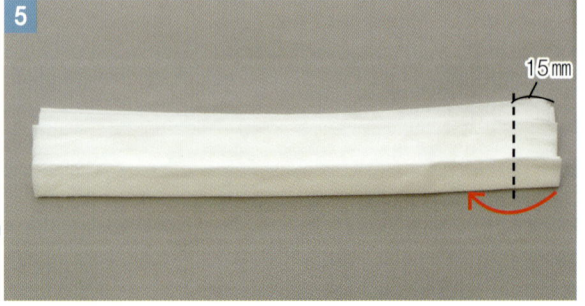

5

15㎜

오른쪽 끝에서 15㎜ 부분을 접고 접착제로 붙여주세요.

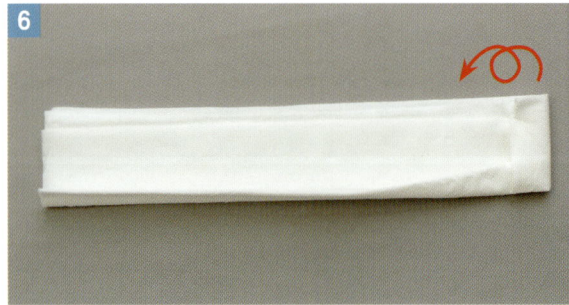

6

접은 상태. 돌돌 감아주세요.

7

마지막에 접착제를 발라서 붙여줍니다.

8

26㎜

머리 쪽

28㎜

15㎜

엉덩이

조금 눌러줍니다.

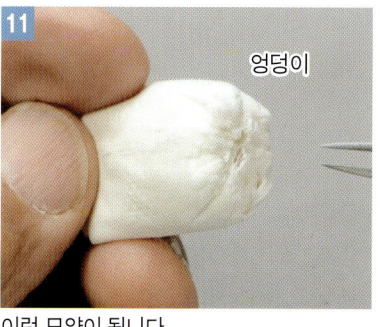

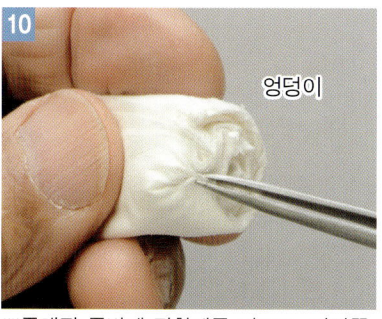

엉덩이

중심을 핀셋으로 잡고, 몸통을 화살표 방향으로 두 바퀴 정도 돌려서 뾰족하게 해줍니다.

엉덩이

뾰족해진 주변에 접착제를 바르고, 바깥쪽을 중심을 향해서 접어주세요.

엉덩이

이런 모양이 됩니다.

엉덩이

머리 쪽

15mm

머리 쪽도 똑같이 만들어주는데, 엉덩이보다 조금 더 뾰족하게.

70mm

50mm

50×70mm 접착지(홑겹)에 접착제를 바르고 12 를 얹어주세요.

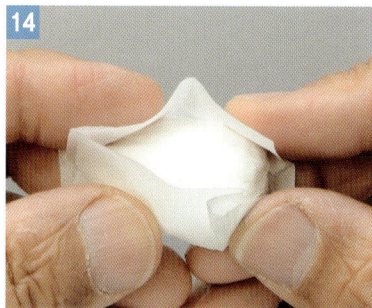

감싸줍니다.

손가락으로 모양을 다듬고 남는 부분을 잘라주세요.

머리 쪽

엉덩이

이런 모양이 됩니다.

등

엉덩이

배

다른 각도(엉덩이 쪽)에서 본 모습.

▶ 배와 등의 마디를 붙이자

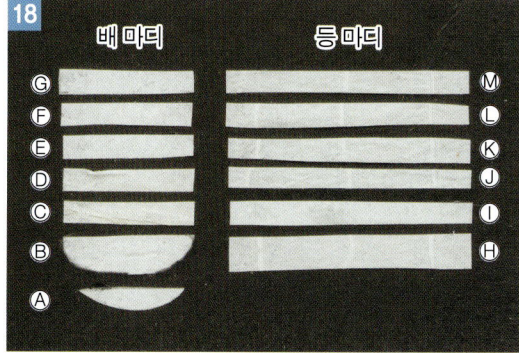

배 마디

등 마디

G
F
E
D
C
B
A

M
L
K
J
I
H

접착지(네 겹)에 오른쪽 도면을 그리고 잘라주세요.

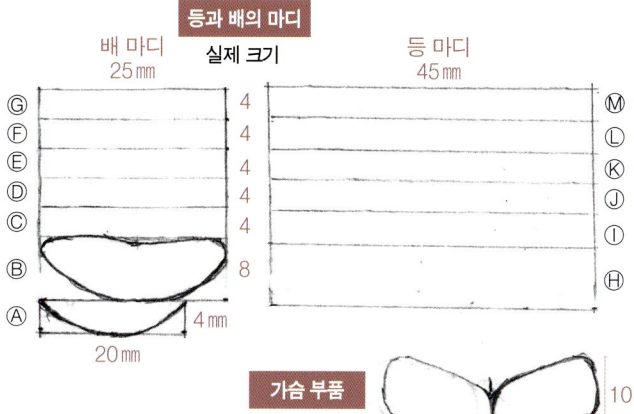

등과 배의 마디

배 마디
25mm

실제 크기

등 마디
45mm

G
F
E
D
C
B
A

4
4
4
4
4
8

M
L
K
J
I
H

4mm

20mm

가슴 부품

실제 크기

10

30

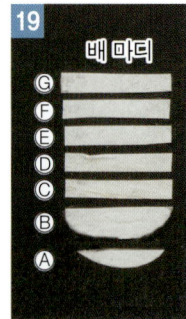

19 배 마디

ⓖ ⓕ ⓔ ⓓ ⓒ ⓑ ⓐ

배의 마디를 준비합니다.

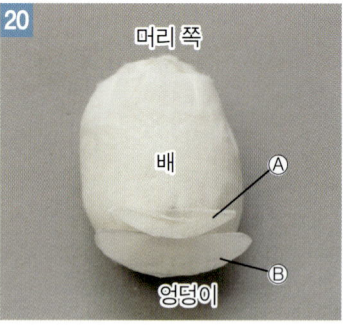

20 머리 쪽

배
ⓐ
엉덩이
ⓑ

배의 마디 ⓐ와 ⓑ를 사진의 위치에 붙입니다.

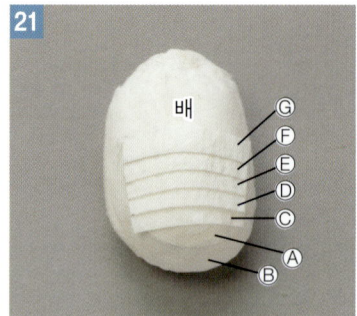

21 배

ⓖ ⓕ ⓔ ⓓ ⓒ ⓐ ⓑ

ⓒ~ⓖ를 2mm씩 겹치도록 붙여주세요.

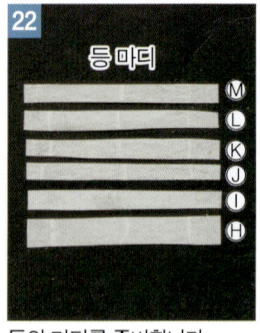

22 등 마디

Ⓜ Ⓛ Ⓚ Ⓙ Ⓘ Ⓗ

등의 마디를 준비합니다.

23 머리 쪽

등
Ⓗ
엉덩이

등의 마디 Ⓗ를 사진의 위치에 붙이세요.

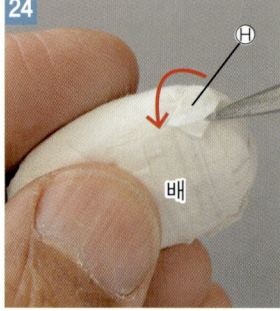

24 Ⓗ 배

Ⓗ의 삐쳐 나온 부분을 배 쪽으로 감아서 붙여주세요.

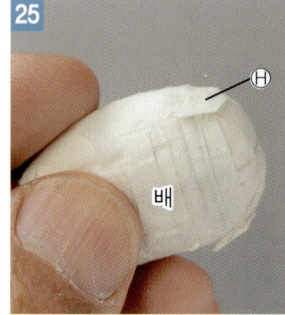

25 Ⓗ 배

남은 부분을 잘라줍니다.

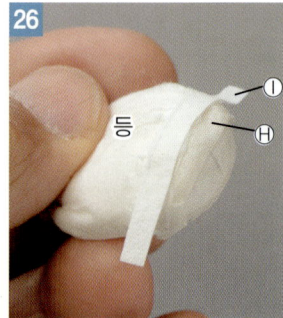

26 등 Ⓘ Ⓗ

Ⓘ를 Ⓗ에 2mm 겹치게 붙여주세요.

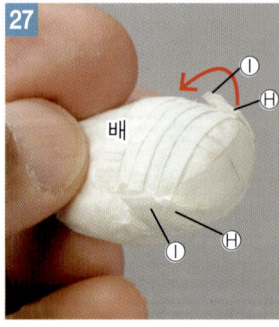

27 배 Ⓘ Ⓗ Ⓘ Ⓗ

Ⓘ도 Ⓗ와 마찬가지로 배 쪽으로 감아서 붙여주세요.

28 배

남은 부분을 잘라주세요.

29 배

Ⓙ~Ⓜ도 마찬가지로 붙여주세요. 배의 마디와 맞춰서 붙여주세요.

30 배

사진의 위치에 핀셋으로 구멍을 내고 이쑤시개를 꽂아주세요.

31

도면에 있는 배 부품을 접착지(네겹)에 옮겨 그리고 자른 뒤에, 젓가락으로 곡면을 만들어주세요.

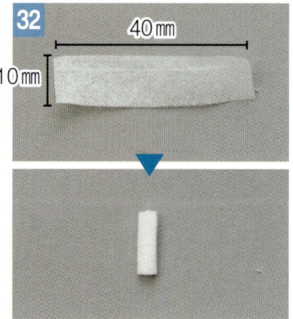

32 40mm 10mm

▼

10×40mm 홑겹의 끝을 3mm 접고, 감아줍니다(2개 만드세요).

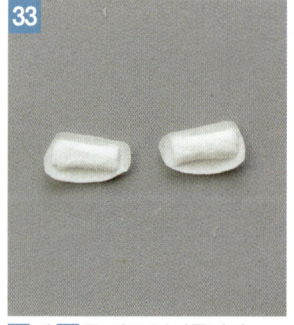

33

31 에 **32** 를 얹고 붙여줍니다

34

사진의 위치에 **33** 을 뒤집어서 붙여주세요. 몸통 완성.

Step 02 머리를 만들자

머리의 토대는 완만한 산 모양으로 만들고, 머리 커버는 젓가락 끝을 사용해서 곡면을 만듭니다. 장수풍뎅이의 상징인 크고 작은 뿔은 끈 4개를 조합해서 만듭니다. 상당히 난이도가 높지만, 천천히 따라 해보세요.

▶ 머리의 토대를 만들자

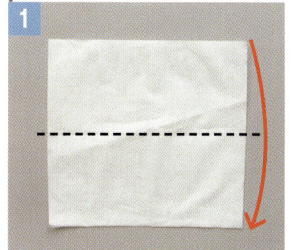

1 홑겹을 1/4로 자른 것을 점선을 따라 반으로 접어주세요.

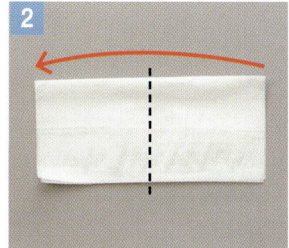

2 또 점선을 따라 반으로 접어주세요.

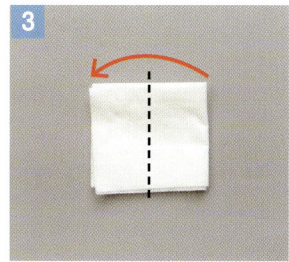

3 또 점선을 따라 반으로 접어주세요.

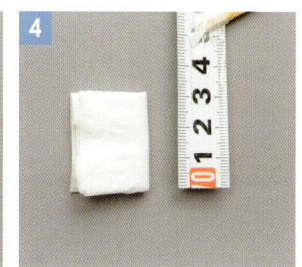

4 다 접은 상태.

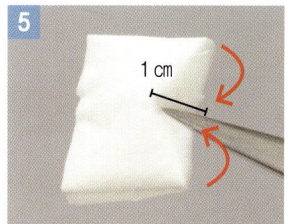

5 중앙을 핀셋으로 1㎝ 집어주고, 양쪽 끝을 가운데로 모아줍니다.

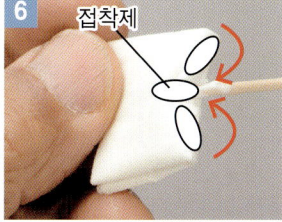

6 접착제

사진의 위치에 접착제를 바르고, 양쪽 끝을 중앙에 모아서 붙입니다.

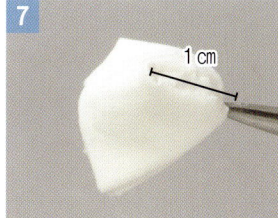

7 붙인 상태

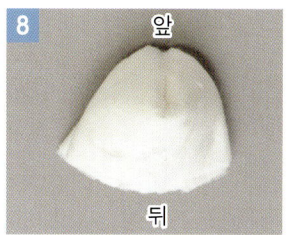

8 앞

뒤

다른 각도에서 본 모습. 양쪽 손가락으로 집어서 펼쳐주며 산 모양으로 다듬어주세요.

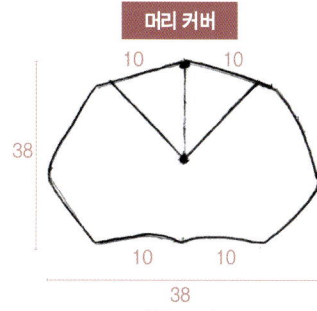

머리 커버

10 10

38

10 10

38

실물 크기

9 칼집

접착지(네 겹)에 왼쪽 도면을 옮겨 그린 뒤에 잘라내고, 칼집을 넣어줍니다.

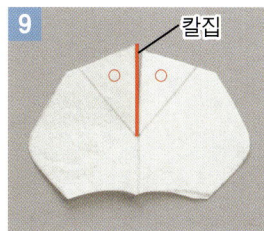

10 **9**의 ○부분을 서로 붙여서 사진과 같은 모양을 만듭니다.

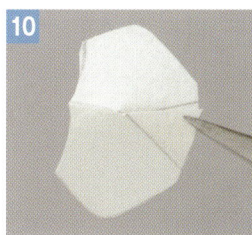

11 가 3mm

나 6mm

다른 각도에서 본 모습. ㉮ 위치에 반지름 약 3mm의 타원, ㉯ 위치에 지름 약 6mm의 원을 연필로 그려주세요.

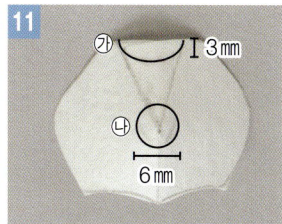

12 가 나

사진처럼 반으로 접어주세요.

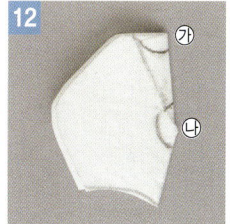

13 가 나

11 에서 그린 타원과 원을 잘라주세요.

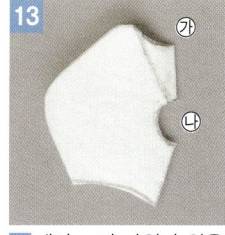

14 **11** 원래 모양으로 펴주세요.

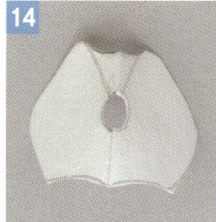

15 젓가락으로 안쪽을 눌러가며 곡면을 만들어주세요.

16 앞

뒤

곡면을 만든 상태.

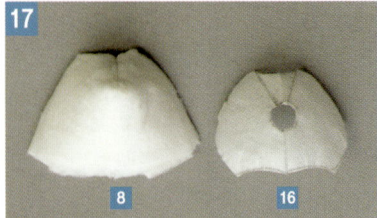

17 ⑧ 과 ⑯ 을 준비하세요.

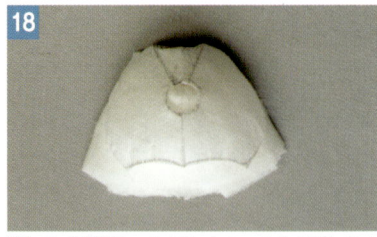

18 ⑧ 위에 ⑯ 을 얹어줍니다. 아직 접착제를 바르지 않았습니다.

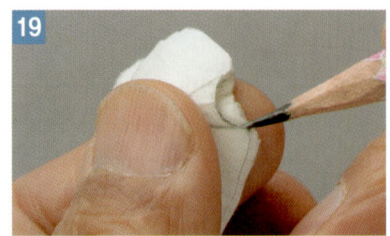

19 ⑬ 에서 뚫은 구멍을 따라, 연필로 표시를 해 줍니다.

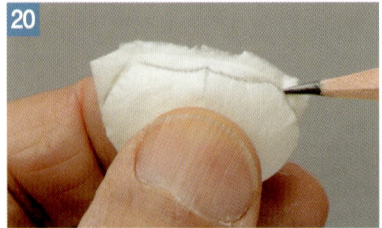

20 ⑯ 의 윤곽도 따라 그립니다.

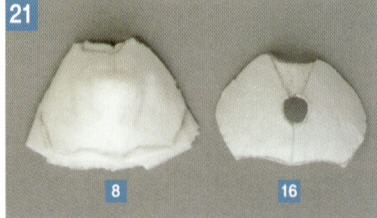

21 ⑰ 의 상태로 돌아가서, 접착제를 바르고 붙여줍니다.

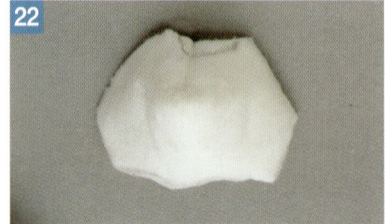

22 다 붙였으면 ⑳ 에서 그린 윤곽을 따라 잘라 주세요.

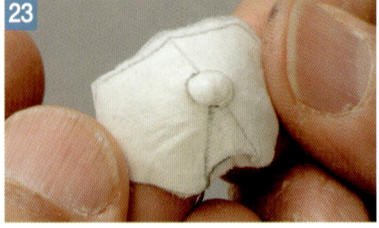

23 손가락으로 모양을 잘 잡아줍니다.

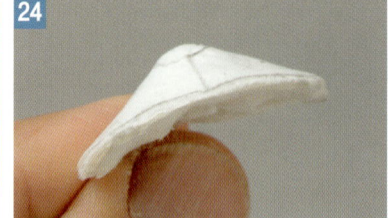

24 다른 각도에서 본 모습.

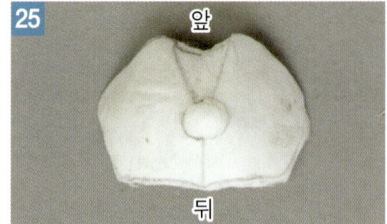

25 머리 토대 완성.

▶ 작은 뿔을 만들자

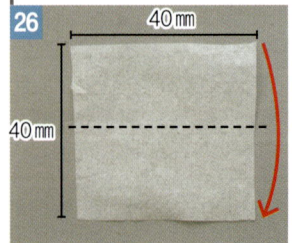

26 40×40mm의 홑겹을 점선을 따라 반으로 접어주세요.

27 또 점선을 따라 반으로 접어주 세요.

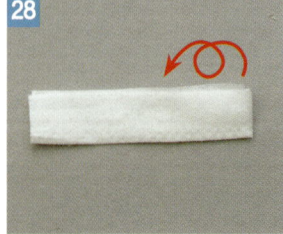

28 빙글빙글 말고 끝을 접착제로 붙 여주세요.

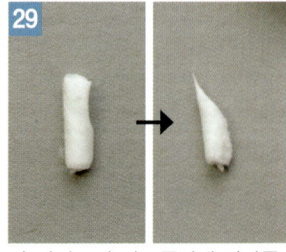

29 다 말았으면 비스듬하게 잘라주 세요.

작은 뿔

4   4

15   10
Ⓝ   Ⓞ

실물 크기

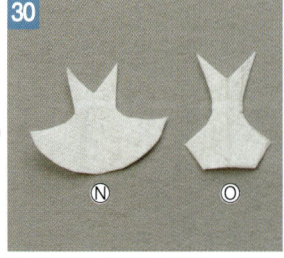

30 접착지(네 겹)에 왼쪽 그림을 옮겨 그리고 잘라주세요.

31 Ⓝ에 ㉙를 겹쳐주세요.

32 Ⓞ에 ㉛을 겹치고 붙여주세요.

33

34

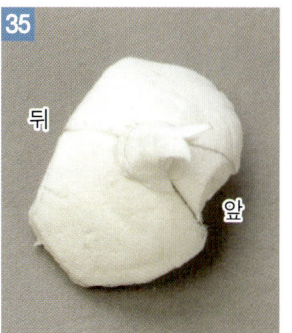

35
뒤
앞

36
앞
뒤

25 에 32 를 붙여주세요. 방향과 각도를 잘 확인하세요.

다른 각도에서 본 모습.

붙인 상태.

다른 각도에서 본 모습.

▶ 큰 뿔을 붙이자

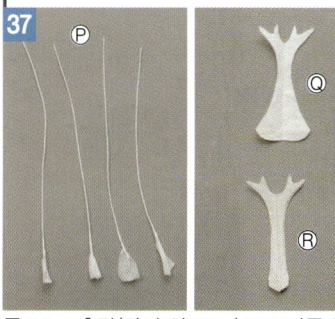

37
Ⓟ
Ⓠ
Ⓡ

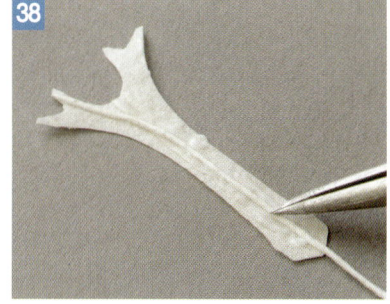

38

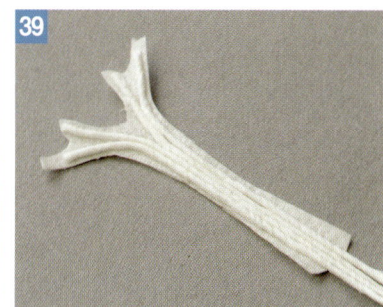

39

폭 10㎜ 홑겹(길이 약 70mm)으로 만든 끈을 4개 준비. 접착지(네 겹)에 도면(오른쪽 아래)을 그리고 잘라주세요.

Ⓠ에 Ⓟ를 일단 2개, 사진처럼 붙여주세요.

남은 2개의 Ⓟ를 사진처럼 붙여주세요.

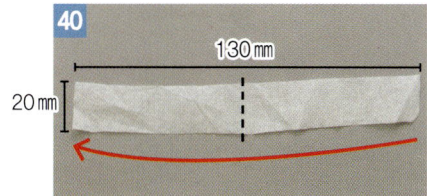

40
130㎜
20㎜

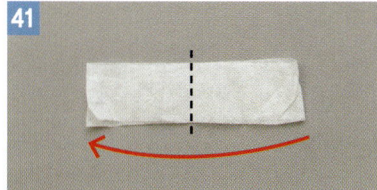

41

42

20×130㎜의 홑겹을 점선을 따라 반으로 접어주세요.

또 점선을 따라 반으로 접어주세요.

돌돌 말고 끝을 접착제로 붙여주세요.

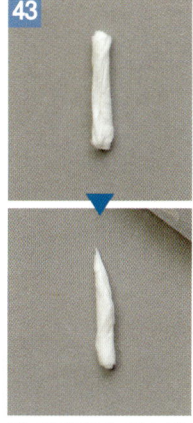

43

44

45

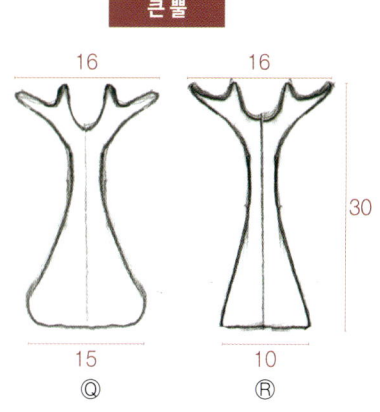

큰 뿔
16   16
30
15   10
Ⓠ   Ⓡ

실물 크기

다 말았으면 비스듬하게 잘라주세요.

Ⓡ에 43 을 붙입니다. 이게 뿔의 뼈대가 됩니다.

44 를 뒤집어서 사진처럼 39 위에 얹어주세요.

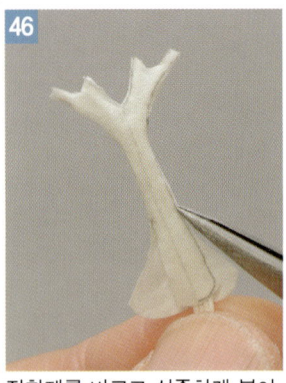

46 접착제를 바르고 신중하게 붙여 주세요.

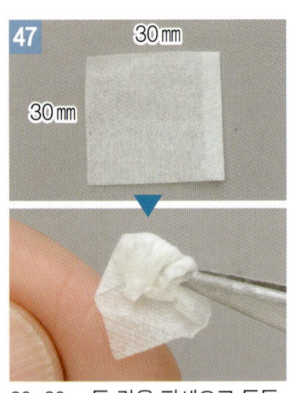

47 30×30mm 두 겹을 핀셋으로 돌돌 감아서 뭉쳐주세요.

48 **46** 의 밑동 안쪽에 **47** 을 채워주 세요.

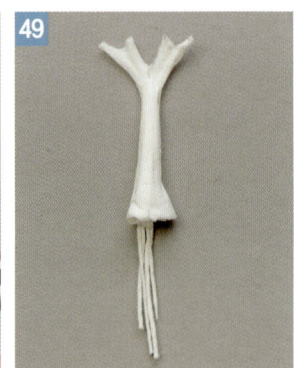

49 큰 뿔 완성.

▶ 더듬이와 눈을 만들자

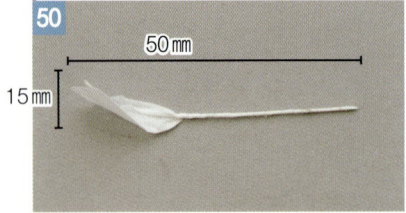

50 폭 15mm 홑겹(길이 약 70mm)으로 끈을 만드 세요.

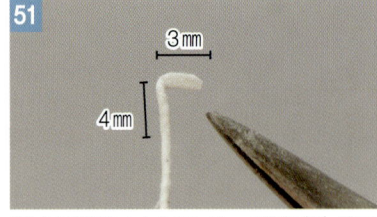

51 끝을 핀셋으로 누르고, 3mm 부분에서 구부 립니다. 4mm에서 잘라주세요.

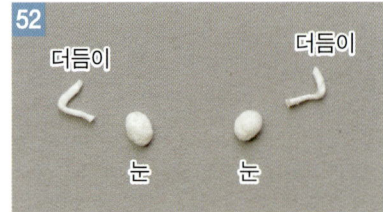

52 눈은 15×15mm 홑겹을 뭉치고, 반원형으로 만드세요.

▶ 머리 조립

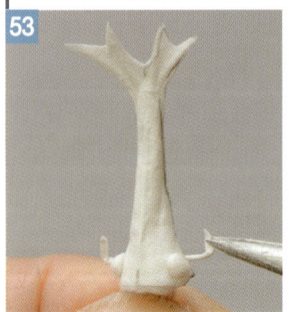

53 **52** 를 **49** 에 사진처럼 붙여주세요.

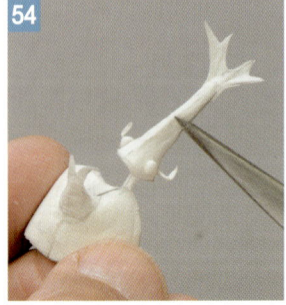

54 **53** 을 **36** 에 붙입니다. 위치를 신 중하게 맞추세요.

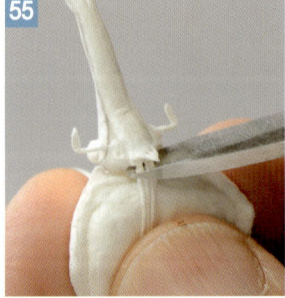

55 삐쳐 나온 끈은 가위로 깔끔하게 자르세요.

56 자른 상태.

57 **47** 과 마찬가지로 두 겹 티슈를 뭉칩니다.

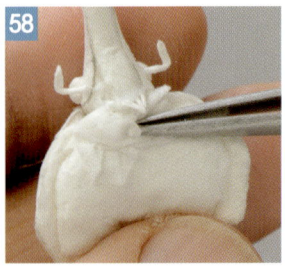

58 **57** 을 **56** 의 접합부에 채우고 각 도를 조절하세요.

머리 완성.

Step

03 날개를 만들자

장수풍뎅이의 단단한 윗날개는 숟가락을 사용해서 만든 접착지(여덟 겹)으로 만들었습니다(p.27). 오목한 숟가락을 이용해 접착지를 만들면 딱 장수풍뎅이의 윗날개 모양이 됩니다.

▶ 숟가락 접착지로 날개를 만들자

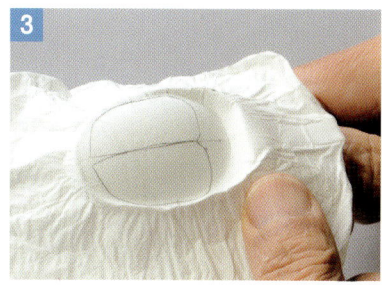

1 접착지(여덟 겹)을 숟가락에 붙이고 말립니다(p.27 참조).

2 도면(오른쪽 아래)을 보고 날개 모양을 연필로 그려주세요.

3 다 그렸으면 조심해서 벗겨내세요.

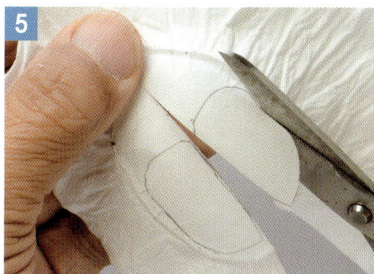

4 벗겨낸 상태.

5 윤곽을 따라서 가위로 잘라주세요.

6 둥근 젓가락 끝을 대고 곡면을 만들어주세요.

7 젓가락의 뾰족한 끝으로 눌러서 홈을 만들어주세요.

8 몸통에 대보고 곡면을 조절하세요.

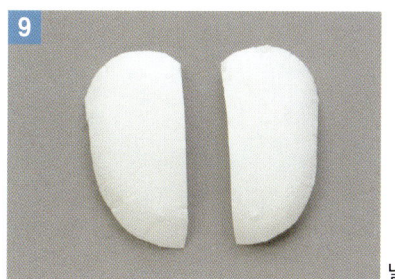

9 날개 완성.

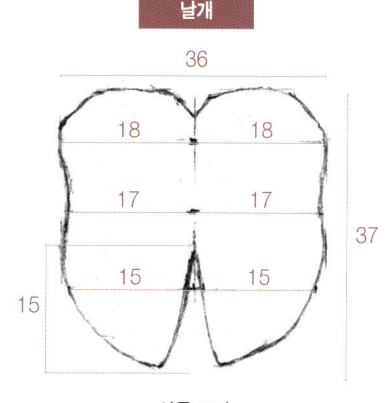

날개

36

18 18

17 17

15 15

37

15

실물 크기

다리 끝부터 만듭니다. 관절이 굵은 부분은 장수풍뎅이의 힘이 느껴지는 부위입니다. **7**~**10**에서 관절을 굵게 만들기 위해 홑겹을 감을 때, 핀셋을 잘 써서 깔끔하게 감고 보기 좋게 눌러주세요.

▶ **다리를 만들자.**

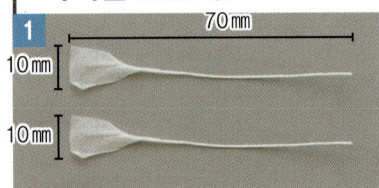

폭 10mm 홑겹(길이 약 70mm)으로 끈을 2개 만드세요.

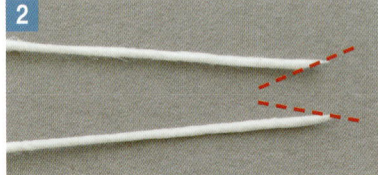

끝을 비스듬하게 잘라줍니다.

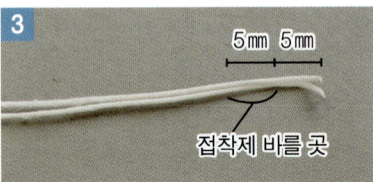

사진의 위치에 접착제를 바르고 붙여주세요.

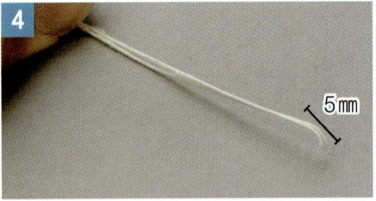

붙인 상태. 5mm 부분에서 약간 구부려주세요.

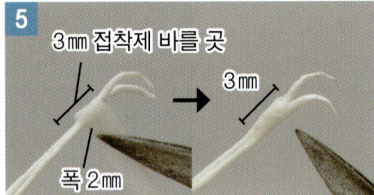

3mm 접착제를 바르고, 폭 2mm의 홑겹(길이 20mm)을 감아주세요.

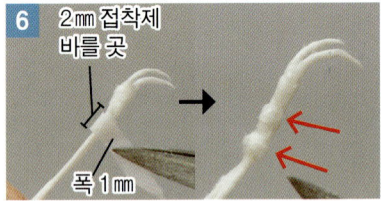

5 옆에 2mm 접착제를 바르고, 폭 1mm 홑겹(길이 20mm)을 감아주세요(두 곳).

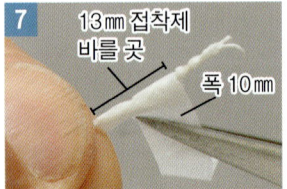

6 옆에 13mm 접착제를 바르고 폭 10mm 홑겹(길이 10cm)을 감아주세요.。

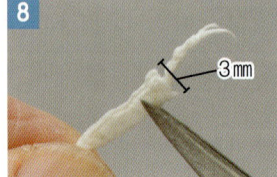

감은 상태. 폭이 3mm가 되도록 **7**을 눌러주세요.

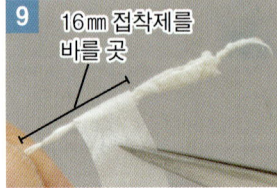

8 옆에 16mm 접착제를 바르고, 폭 10mm 홑겹(길이 7cm)을 감아주세요.

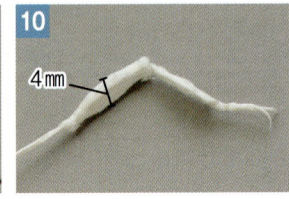

9에 또 폭 10mm 홑겹(길이 7cm)을 추가로 감고, 폭이 4mm가 되도록 눌러주세요.

폭 5mm 홑겹으로 끈을 만들고, 2mm 간격으로 작고 비스듬하게 잘라주세요(아래 그림 참조). 뒷다리 하나에 약 20개 필요.

사진의 위치에 4개를 붙입니다.

앞다리 완성.

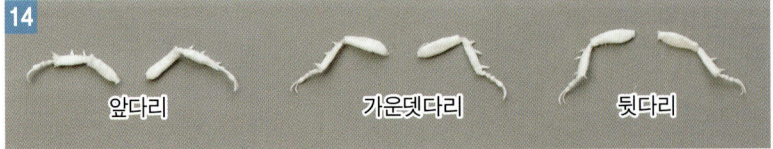

앞다리　　　가운뎃다리　　　뒷다리

가운뎃다리, 뒷다리도 **1**~**13**과 마찬가지 과정으로 만들어주세요. 앞다리와 크기가 다르니 주의. 도면을 확인해주세요.

Step

05 조립 ▶ 채색 ▶ 바니시 칠하기 ▶ 완성

지금까지 만든 부품들을 조합하는 중요한 단계입니다. 부품 하나하나를 일단 서로 대보고 각도와 위치를 확인한 뒤에 접착제를 조금만 바르고 신중하게 붙여나갑니다. 채색은 한 번에 칠하려고 하지 말고, 마른 뒤에 다시 칠하기를 반복하면서 꼼꼼하게 칠하세요.

▶ 머리, 몸통, 날개, 다리를 조립

머리, 몸통, 날개를 임시로 조립해봅니다. 위치와 각도를 확인하세요.

결합부가 애매한 경우에는, 홑겹을 조금 뭉쳐서 추가해가며 조절하세요.

조정이 끝나면 날개 밑동 부분에 접착제를 발라주세요.

날개를 붙이세요.

접합부에 접착제를 바르고 머리와 몸통을 신중하게 붙여줍니다.

접착제가 어느 정도 마를 때까지 위치나 각도를 조절하세요.

날개 뒤쪽에도 접착제를 조금 발라서 고정합니다.

날개 밑동이 잘 붙었는지 확인하면서 조절하세요.

머리, 몸통, 날개가 고정됐습니다.

다리를 몸통에 대보면서 몸통의 곡면에 맞도록 모양을 조절하세요.

조절이 끝나면 하나씩 붙여주세요.

다 붙인 상태.

▶ 채색

물감을 준비하세요.

▶ 바니시를 칠하자

꼼꼼하게, 여러 번 덧칠해주세요.

물감이 마르면 바니시(니스)를 칠해주세요.

▶ 완성

장수풍뎅이가 완성됐습니다.

✓ 다양한 각도에서 살펴봅시다(채색 전)

얼굴

대각선 뒤쪽

옆

위

아래

대각선 앞쪽

✔ 다양한 각도에서 살펴봅시다(완성판)

얼굴

대각선 뒤쪽

옆

위

아래

대각선 앞쪽

참매미 ▶투과지를 써서 투명한 날개를 만들자

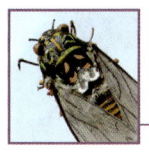

Step
00 참매미의 도면과 설명

참매미의 포인트는 투명한 날개, 그리고 복잡한 요철과 무늬가 있는 몸입니다. 등과 배의 부품도 작은 게 많지만 꼼꼼하게 잘라서 붙여보세요. 입에서 뻗어 나온 관(부품 Ⓖ)은 끈으로 만듭니다.

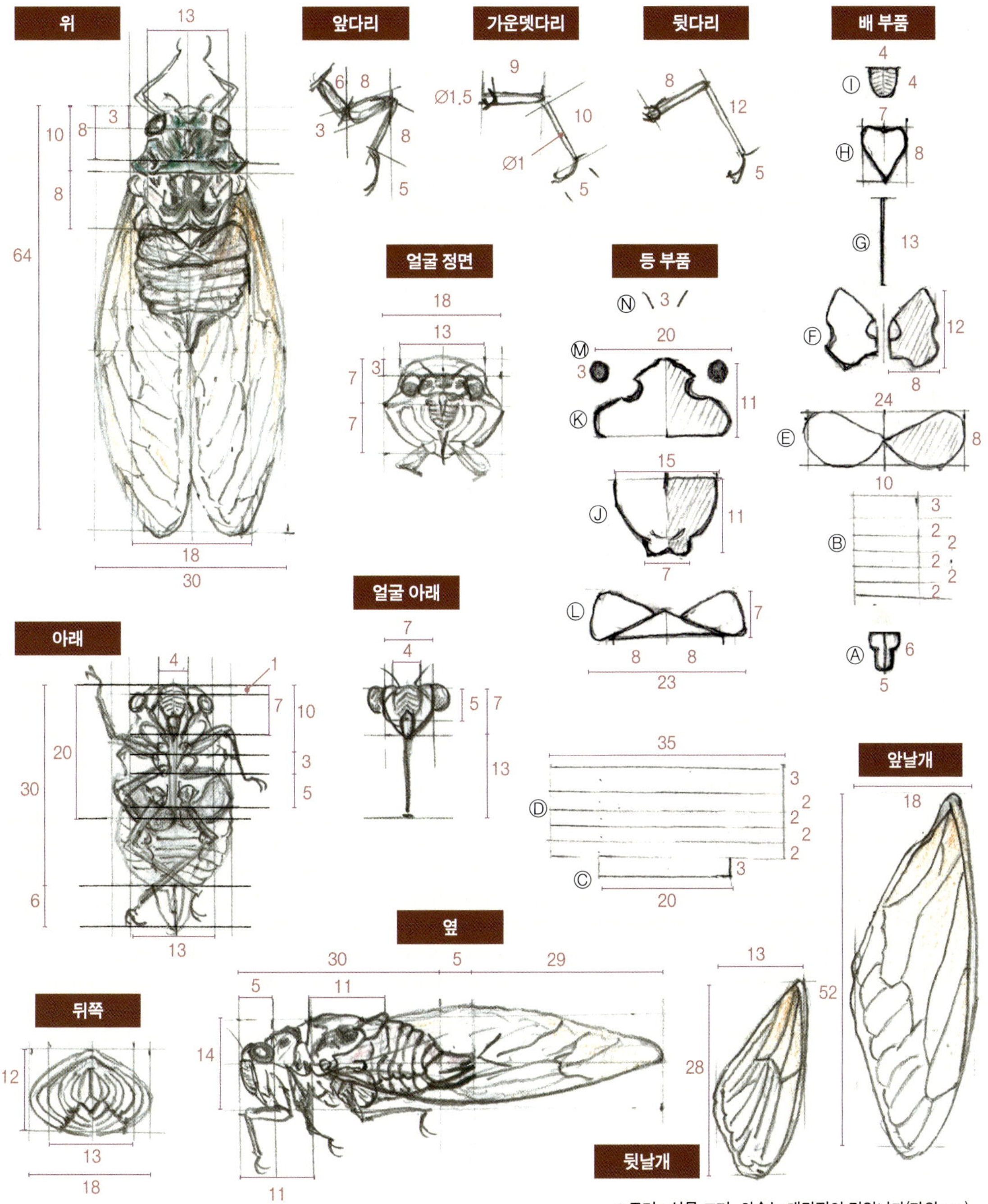
위
앞다리
가운뎃다리
뒷다리
배 부품
얼굴 정면
등 부품
얼굴 아래
아래
앞날개
옆
뒤쪽
뒷날개
Ⓐ Ⓑ Ⓒ Ⓓ Ⓔ Ⓕ Ⓖ Ⓗ Ⓘ Ⓙ Ⓚ Ⓛ Ⓜ Ⓝ
Ø1.5
Ø1

※도면 : 실물 크기. 치수는 대략적인 것입니다(단위 : ㎜).

01 몸을 만들자

몸의 토대는 티슈를 말아서 만드는데, 너무 꽉 말지 마세요. **7** 단계에서 폭 15㎜가 되면 OK. **20** 에서 몸 부품을 도면을 따라 그리고 잘라주세요. 가늘고 복잡하지만 하나씩 꼼꼼하게 잘라보세요. 접착제로 붙이기 전에 반드시 미리 대보고 위치를 확인하세요.

▶ 몸의 토대를 만들자

1

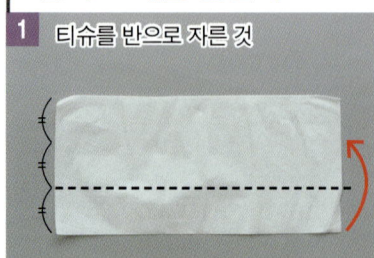

티슈를 반으로 자른 것

몸의 토대를 만듭니다. 두 겹 티슈를 반으로 잘라서 사용합니다. 점선을 따라 접어주세요.

2

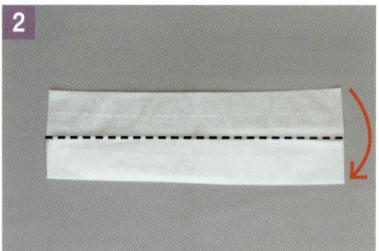

점선을 따라 반으로 접어주세요.

3

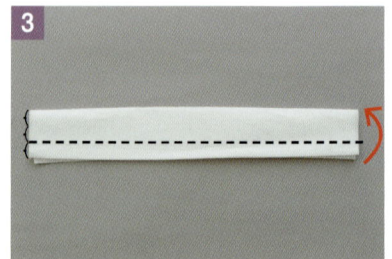

위쪽 한 겹만 점선을 따라 접어주세요.

4

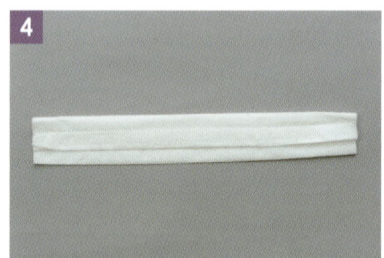

접은 상태.

5

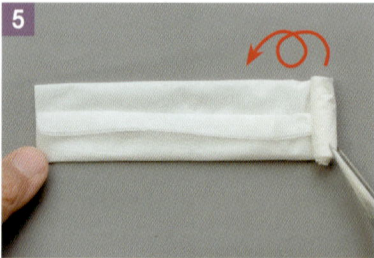

핀셋을 써서 끝에서부터 말아주세요.

6

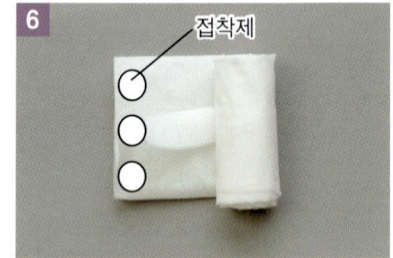

접착제

끝에 접착제를 세 군데 발라주세요.

7

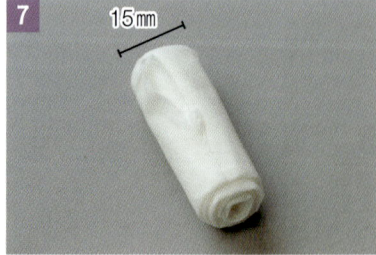

15㎜

끝을 붙입니다. 지름이 약 15㎜가 되도록 조절하면서 말아주세요.

8

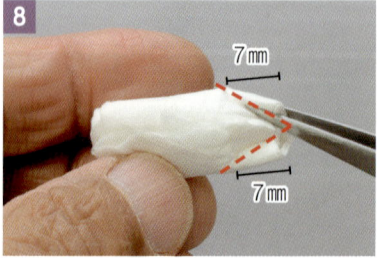

7㎜

7㎜

끝의 두 곳을 사진처럼 핀셋으로 집어서 눌러주세요.

9

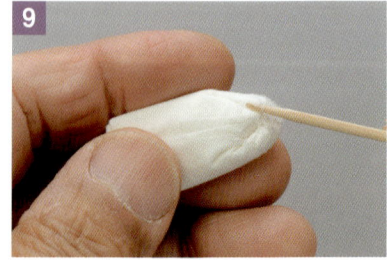

집은 부분에 접착제를 발라주세요.

10

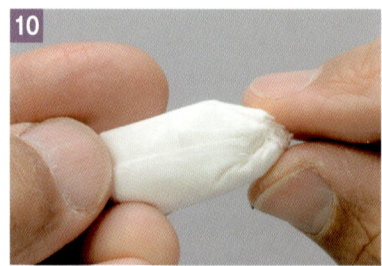

손가락으로 뾰족한 모양이 되도록 모양을 잡아주세요.

11

머리

엉덩이

뾰족하게 만든 상태. 뾰족한 쪽이 머리가 됩니다.

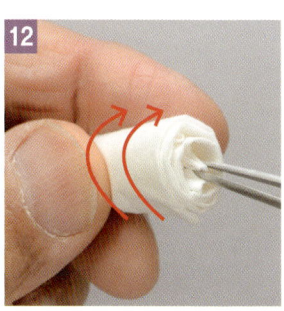

12

중심을 핀셋으로 잡고, 몸통을 화살표 방향으로 두 바퀴 정도 돌려서 뾰족하게 해줍니다.

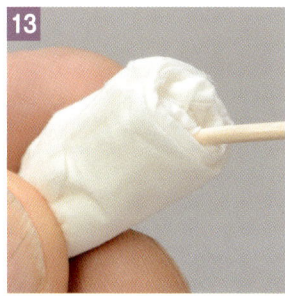

13

뾰족해진 주위에 접착제를 바르세요.

14

바깥쪽을 중심을 향해서 접어주세요.

15

머리

엉덩이

이런 모양이 됩니다. 매미 엉덩이 부분입니다.

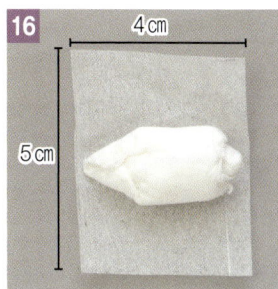

16

4cm

5cm

4×5㎝ 접착지(두 겹) 위에 접착제를 바르고 15 를 얹어주세요.

17

접착제를 조금 바르고 16 을 감싸줍니다.

18

감싸는 중. 손가락으로 모양을 다듬으면서 싸주세요.

19

머리

엉덩이

이런 모양이 됩니다.

▶ 몸 부품을 만들고 몸에 붙이자

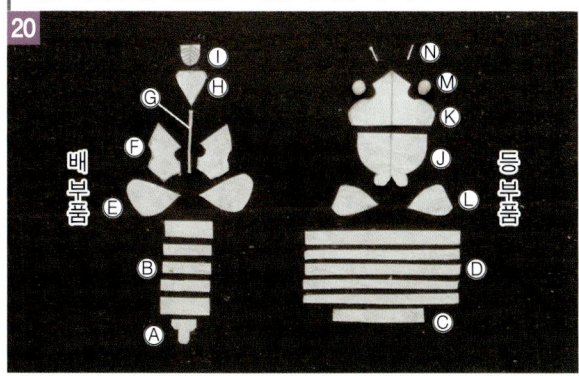

20

배 부품

등 부품

도면에서 매미 배 부품과 등 부품을 접착지(네 겹)에 옮겨 그리고 잘라주세요.

21

머리

배

엉덩이

부품 Ⓐ

부품 Ⓐ를 사진의 위치에 붙이세요.

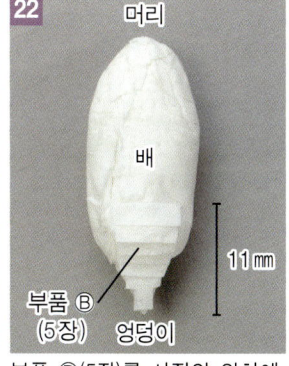

22

머리

배

11㎜

부품 Ⓑ (5장)

엉덩이

부품 Ⓑ(5장)를 사진의 위치에 붙이세요.

23

머리

등

엉덩이

부품 Ⓒ

부품 Ⓒ를 사진의 위치에 붙이세요.

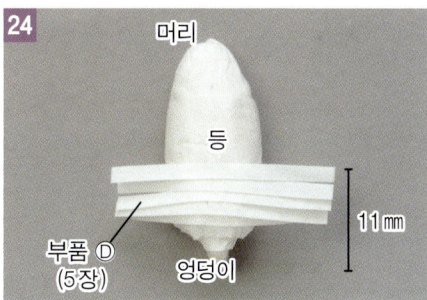

24

머리

등

11㎜

부품 Ⓓ (5장)

엉덩이

부품 Ⓓ(5장)를 사진의 위치에 붙이세요.

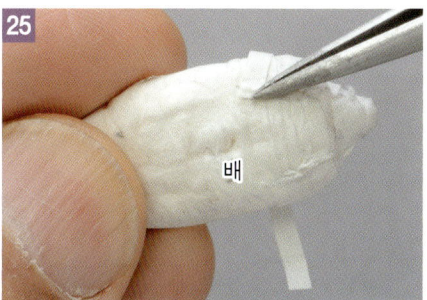

25

배

부품 Ⓓ(5장)의 남은 부분에 접착제를 바르고, 배 쪽 부품에 맞춰서 하나하나 몸통에 붙여주세요.

26

머리

배

엉덩이

부품 Ⓐ Ⓑ Ⓒ Ⓓ 를 다 붙인 상태.

27

머리

배

엉덩이

사진의 위치에 핀셋 끝으로 구멍을 뚫고, 접착제를 발라서 이쑤시개를 꽂아주세요.

28

머리

Ⓕ Ⓕ

배

Ⓔ Ⓔ

엉덩이

부품 Ⓔ(2개)와 부품 Ⓕ(2개)를 붙여주세요.

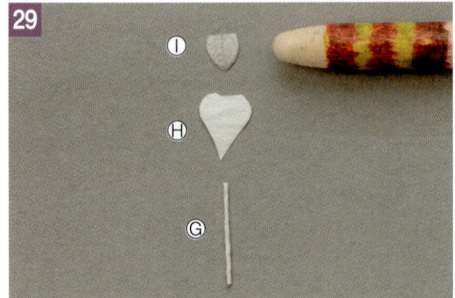

29

Ⓘ

Ⓗ

Ⓖ

부품 Ⓖ Ⓗ Ⓘ를 준비하세요. 부품 Ⓖ는 폭 10mm의 끈을 13mm 길이로 자른 것. 부품 Ⓘ는 젓가락으로 곡면을 만들어주세요.

30

사진처럼 조합해서 접착제로 붙이세요.

31

배

30 을 **28** 에 붙이세요.

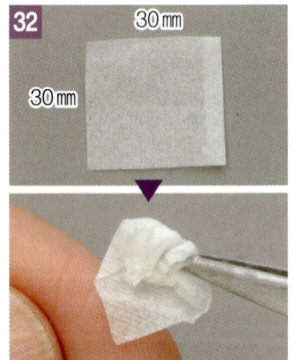

32

30mm

30mm

30×30mm 두 겹을 핀셋으로 둘둘 감아 뭉쳐주세요.

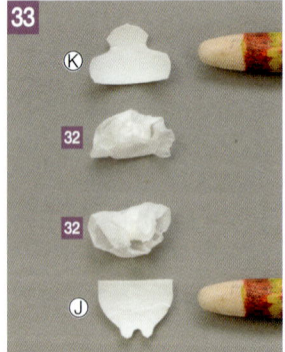

33

Ⓚ

32

32

Ⓙ

32 를 2개 만듭니다. 부품 Ⓙ Ⓚ 는 젓가락으로 곡면을 만들어주세요.

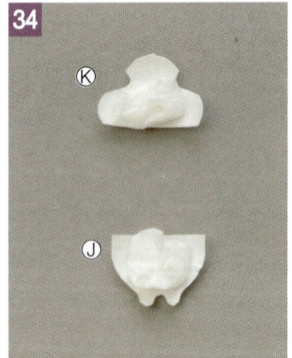

34

Ⓚ

Ⓙ

부품 Ⓙ Ⓚ 위에 **32** 를 얹어서 붙입니다.

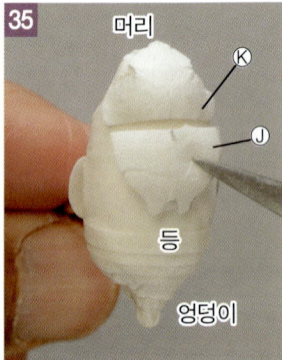

35

머리

Ⓚ

Ⓙ

등

엉덩이

34 를 뒤집어서 **31** 의 등에 붙여주세요.

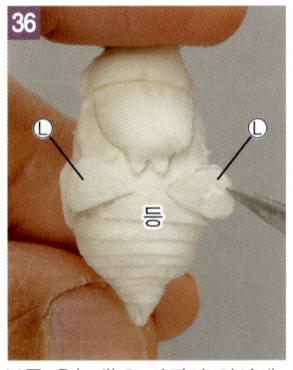

36

Ⓛ Ⓛ

등

부품 Ⓛ(2개)은 사진의 위치에 붙여주세요.

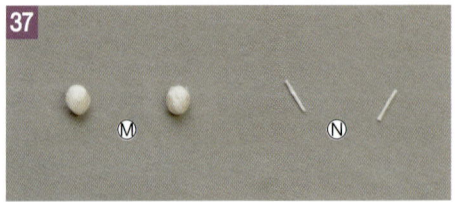

37

Ⓜ Ⓝ

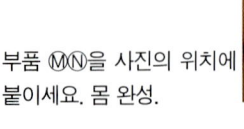

부품 Ⓜ(눈)은 20×20mm 홑겹을 접착제를 먹여서 만든 것(2개). 부품 Ⓝ(더듬이)은 폭 5mm 끈을 3mm로 자른 것(2개).

38

Ⓝ

Ⓜ

등

부품 Ⓜ Ⓝ을 사진의 위치에 붙이세요. 몸 완성.

Step 02 다리를 만들자

참매미 다리는 다리용과 다리 끝부분용 두 가지 끈을 준비하고 그것들을 서로 붙여서 만듭니다. 세밀한 작업이지만, 접착제를 조금씩 여러 번 나눠서 바르고, 핀셋을 잘 활용하면서 꼼꼼하게 만들어보세요.

▶ 앞다리를 만들자

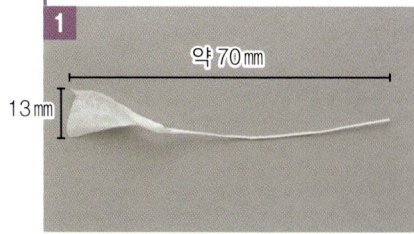

1
약 70mm
13mm

폭 13mm 홑겹으로 끈을 만들어주세요(길이는 자유롭게 : 약 70mm).

2
8mm

접착제로 굳힌 끈을 사진의 위치에서 구부립니다.

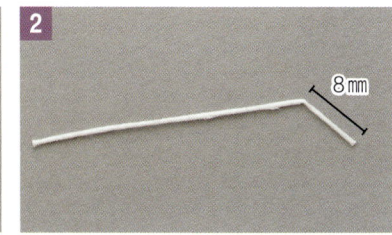

3
8mm
접착제 바를 곳
5×60mm 감아준다

구부린 곳부터 8mm에 접착제를 바르고, 5×60mm 홑겹을 감아주세요.

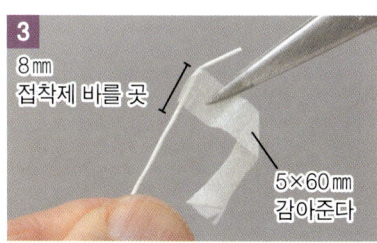

4
8mm

다 감으면 핀셋으로 모양을 다듬어주세요.

5
6mm
접착제 바를 곳
5×50mm 감아준다

4바로 옆 6mm에 접착제를 바르고, 5×50mm 홑겹을 감아주세요.

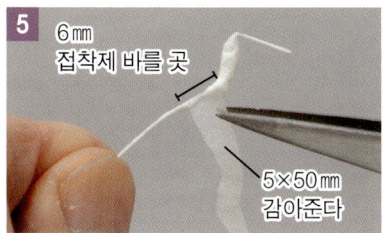

6

다 감으면 핀셋으로 모양을 다듬어주세요.

▶ 앞다리 끝을 만들자

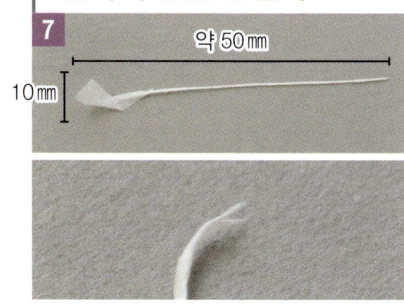

7
약 50mm
10mm

폭 10mm의 끈을 만들고(길이는 자유롭게 : 약 50mm), 끝을 눌러준 뒤에 V자로 잘라주세요.

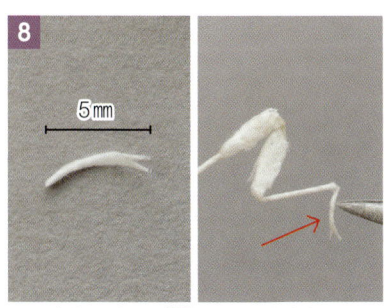

8
5mm

5mm 길이로 자르고, **6**의 끝에 접착제로 붙여주세요.

▶ 가운뎃다리, 뒷다리도 만들자

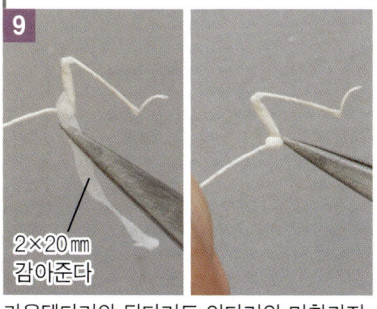

9
2×20mm 감아준다

가운뎃다리와 뒷다리도 앞다리와 마찬가지로 만드는데, **5** ~ **6** 대신에 2×20mm의 홑겹을 감아줍니다.

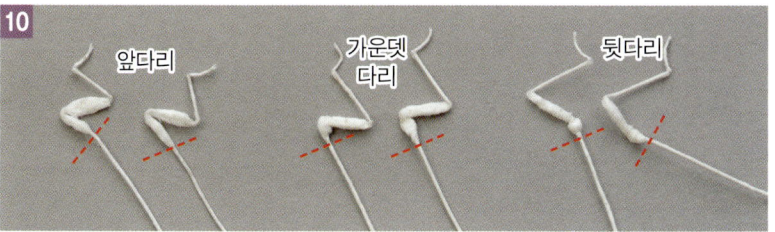

10
앞다리   가운뎃다리   뒷다리

앞다리, 가운뎃다리, 뒷다리가 완성됐습니다. 각각 크기가 다르니까 도면을 보면서 확인해주세요. 점선을 따라 잘라주세요.

11

이쑤시개 뒷부분에 접착제로 붙여주세요(칠하기 쉽도록).

03 날개를 만들자

날개는 투과지(두 겹)에 사인펜으로 도면을 따라 그리는데, 최대한 가늘고 옅은 선으로 그리세요. 날개에는 색을 칠하지 않습니다. 4~8은 상당히 세밀한 작업이니까 서두르지 말고 천천히. 9에서 젓가락으로 곡면을 주는 부분이 포인트입니다. 날개에 흠집이 나면 찢어지기 쉬우니 조심해서 다루세요.

▶ 날개를 만들자

1

투과지(두 겹)을 도면에 대고 사인펜으로 날개 모양을 따라 그립니다.

2

날개를 다 그렸습니다.

3
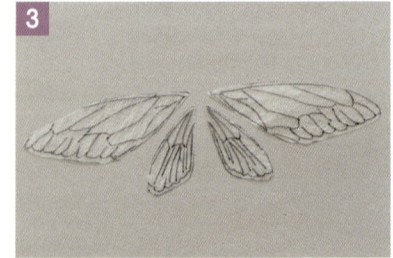
윤곽선을 따라 자르세요.

4

투과지(두 겹)을 100×5mm 범위만큼 사인펜으로 칠해주세요.

5
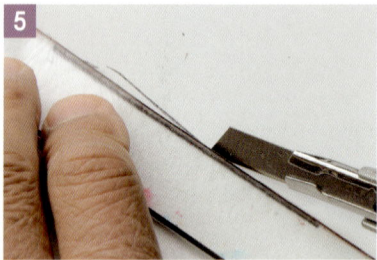
4를 가늘게 잘라주세요.

6
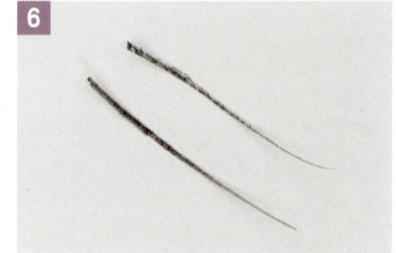
사진 같은 모양으로 잘라주세요(2개).

7

6을 3 큰 날개 윗변을 따라서 접착제로 붙여주세요.

8
다 붙인 상태.

9

젓가락 끝부분으로 눌러 곡면을 만들어주세요.

10

날개 완성.

Step 04 채색 ▶ 조립 ▶ 바니시 칠하기 ▶ 완성

채색은 옅은 색을 여러 번 덧칠해서 마무리합니다. 특히 **4**의 무늬는 녹색, 노란, 갈색, 검정을 조금씩 옅게 바르고, 전체적인 균형을 보면서 점점 진하게 칠해주세요. **17**에서 날개를 몸통에 붙일 때는, 날개 밑동에도 접착제를 조금 바르고 접착제가 마르기 시작할 때 붙여주세요.

▶ 다리와 몸을 칠하자

물감을 준비하세요.

다리를 칠해주세요.

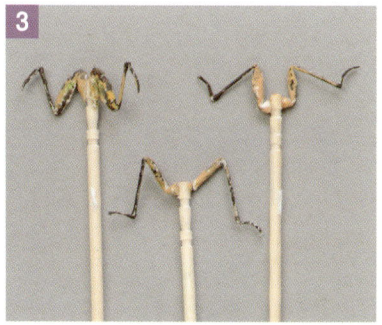

앞다리, 가운뎃다리, 뒷다리를 칠한 상태.

몸의 문양을 꼼꼼히 칠하세요.

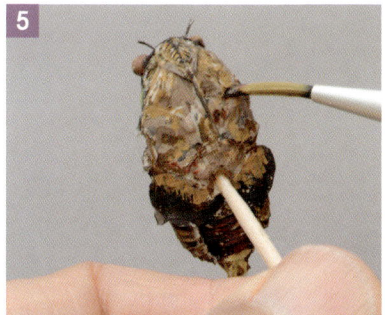

배 쪽도 천천히 칠해주세요.

물감이 마르면 다리를 붙일 위치에 접착제를 6곳 바릅니다.

▶ 다리를 몸에 붙이자

다리 6개를 조심스럽게 붙이세요.

다 붙인 상태.

위에서 본 모습. 다리 6개가 균형 있게 붙어 있는 것을 확인할 수 있습니다.

▶ 날개를 몸에 붙이자

5×10mm 홑겹을 4개 준비합니다.

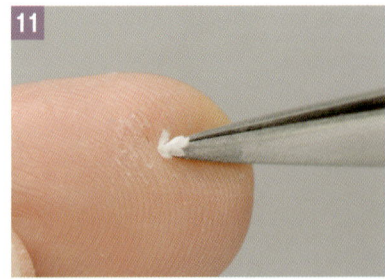

핀셋으로 뭉쳐주세요.

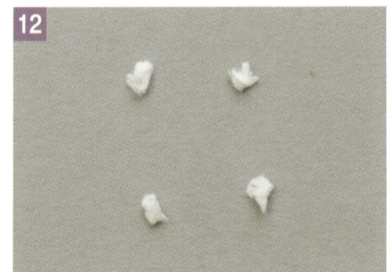

뭉친 상태. 4개를 만듭니다.

사진의 위치 네 곳에 접착제를 바르세요.

12 를 4개 모두 붙여주세요.

14 를 채색합니다.

마르면 접착제를 발라주세요.

작은 날개 2개를 붙입니다.

큰 날개를 붙입니다.

아래에서 본 모습.

위에서 본 모습.

▶ 바니시를 칠하자

다 마르면 바니시(니스)를 칠해줍니다.

▶ 완성

참매미 완성.

✔ 다양한 각도에서 살펴봅시다(채색 전)

얼굴

비스듬히 뒤쪽

옆

위

아래

비스듬히 앞

✔ 다양한 각도에서 살펴봅시다(채색 전)

얼굴

비스듬히 뒤쪽

옆

위

아래

비스듬히 앞

Part 3
티슈 곤충 갤러리& 도면

사마귀

낫처럼 생긴 긴 앞발이 특징인 사마귀. 몸통을 먼저 만들고, 다음으로 삼각형 머리를 만듭니다. 앞다리는 끝에서 제2관절까지 부분을 특히 주의해서 만드세요.

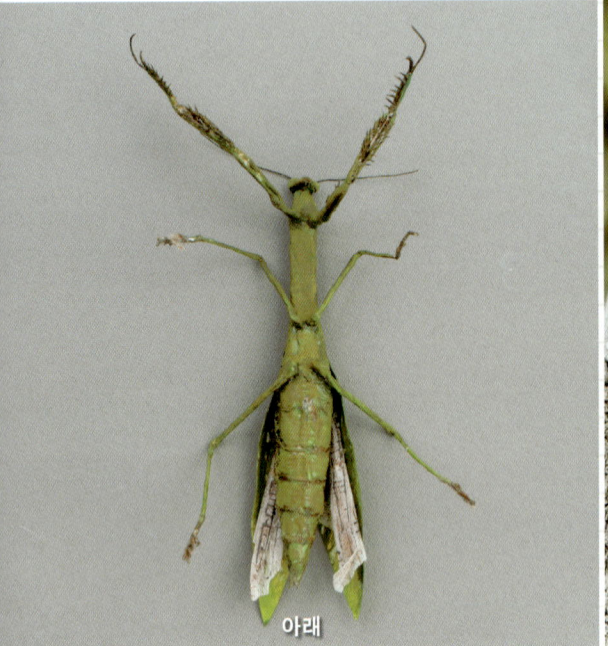

아래

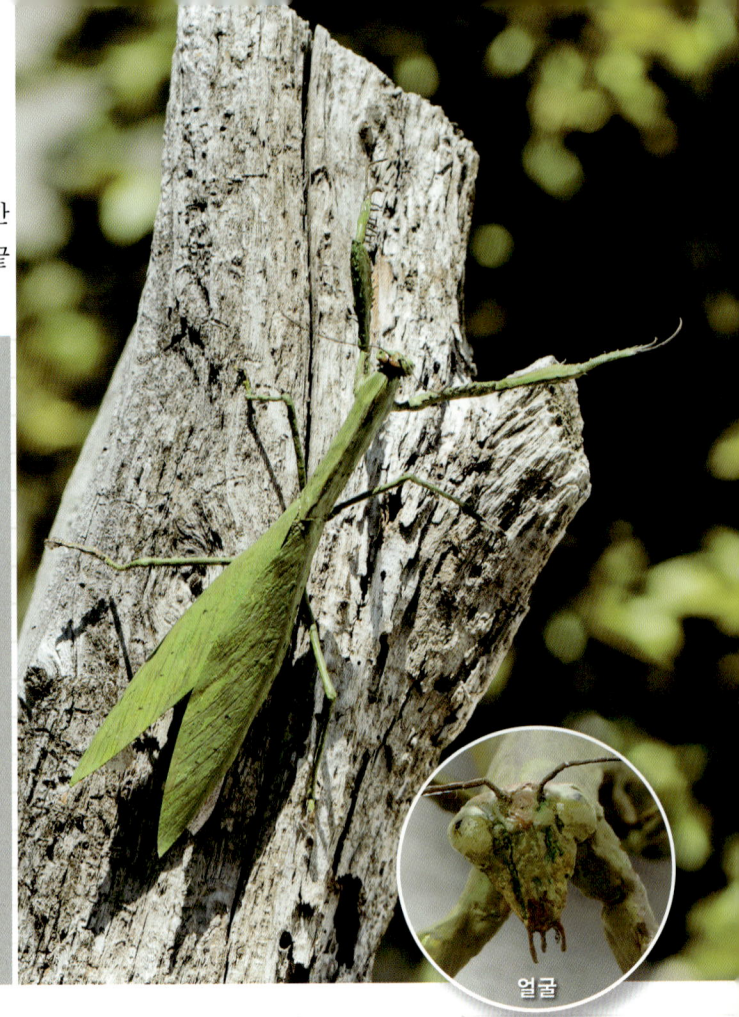

얼굴

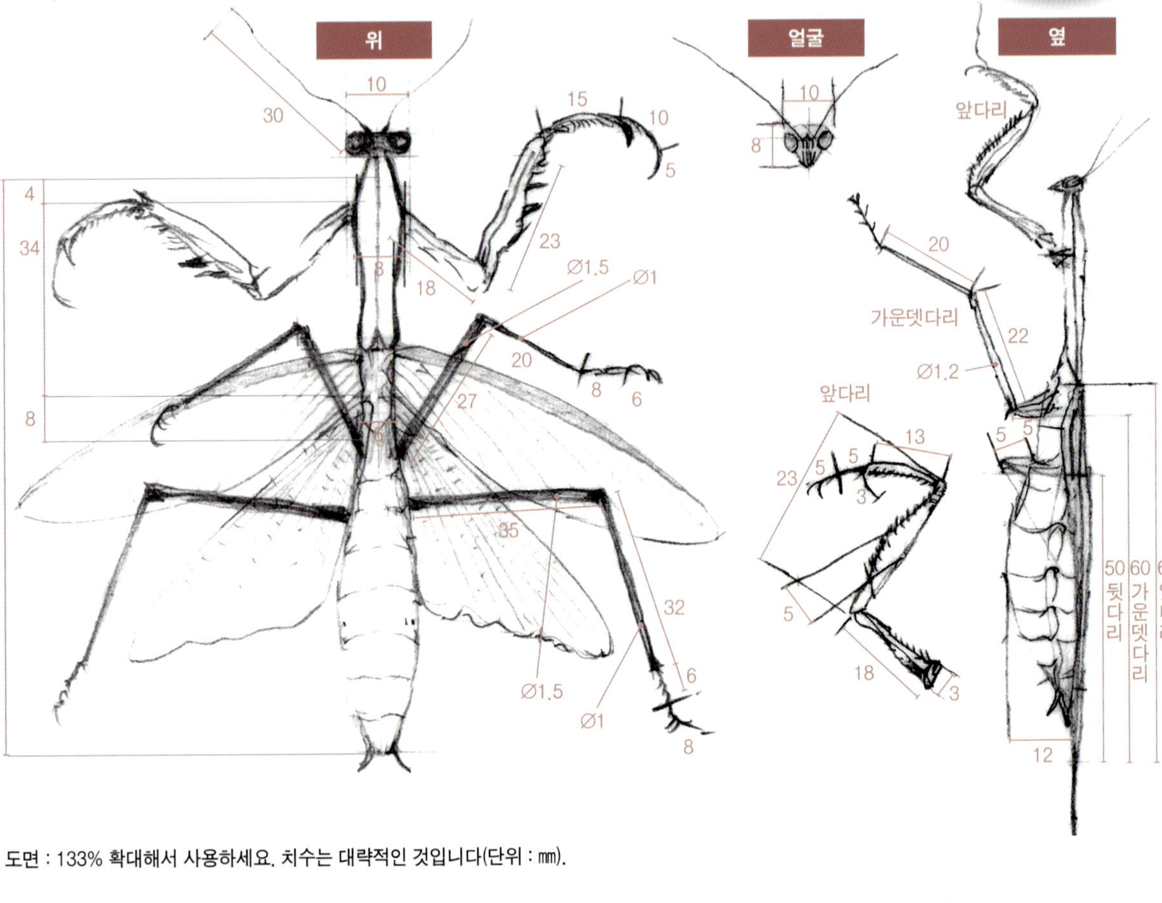
위
10
30
15
10
5
4
34
23
8
18
Ø1.5
Ø1
20
8
6
27
8
101
35
32
6
Ø1.5
Ø1
8
얼굴
10
8
옆
앞다리
20
가운뎃다리
22
Ø1.2
앞다리
13
23
5
5
3
5
5
5
18
3
50 뒷다리
60 가운뎃다리
67 앞다리
12

도면 : 133% 확대해서 사용하세요. 치수는 대략적인 것입니다(단위 : ㎜).

얼굴

비스듬히 뒤쪽

옆

위

아래

비스듬히 앞

하늘소

긴 더듬이와 날카로운 이빨이 달린 입이 특징인
하늘소. 몸통→머리→더듬이→날개→다리 순서
로, 부품을 하나하나 꼼꼼히 만들어주세요.

아래

얼굴

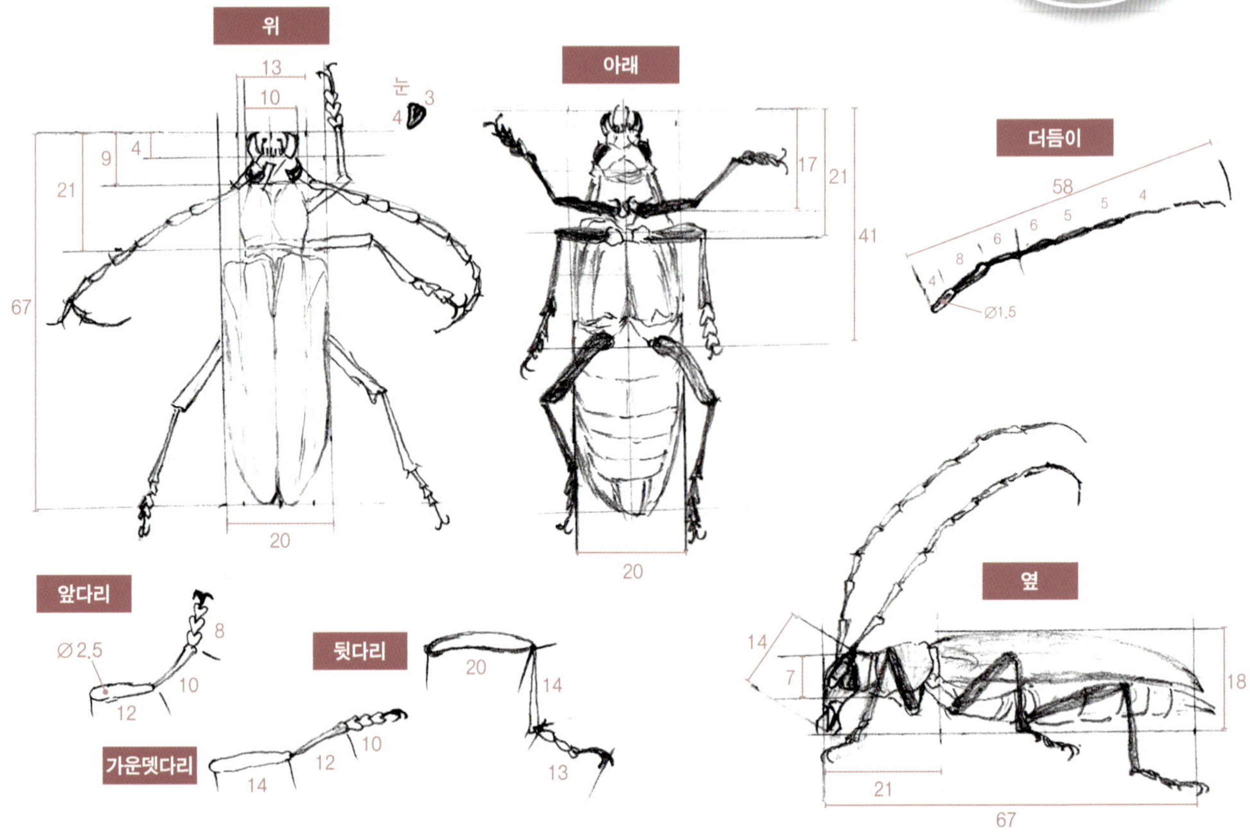

위

13
10
9   4
21   눈 3
            4

67

20

아래

17   21
41
20

더듬이

58
8 6 6 4
4 8
Ø1.5

앞다리

Ø2.5
8
10
12

가운뎃다리

14 12 10

뒷다리

20 14
13

옆

14
7
18
21
67

도면 : 133% 확대해서 사용하세요. 치수는 대략적인 것입니다(단위 : ㎜).

✔다양한 각도에서 살펴봅시다

얼굴

비스듬히 뒤쪽

옆

위

아래

비스듬히 앞

장수말벌

꼬리의 독침과 날카로운 이빨이 특징인 장수말
벌. 머리와 몸통은 따로따로, 만들 때 신중을 기
해서. 각 부위의 균형을 고려해가며 만드세요.

아래

얼굴

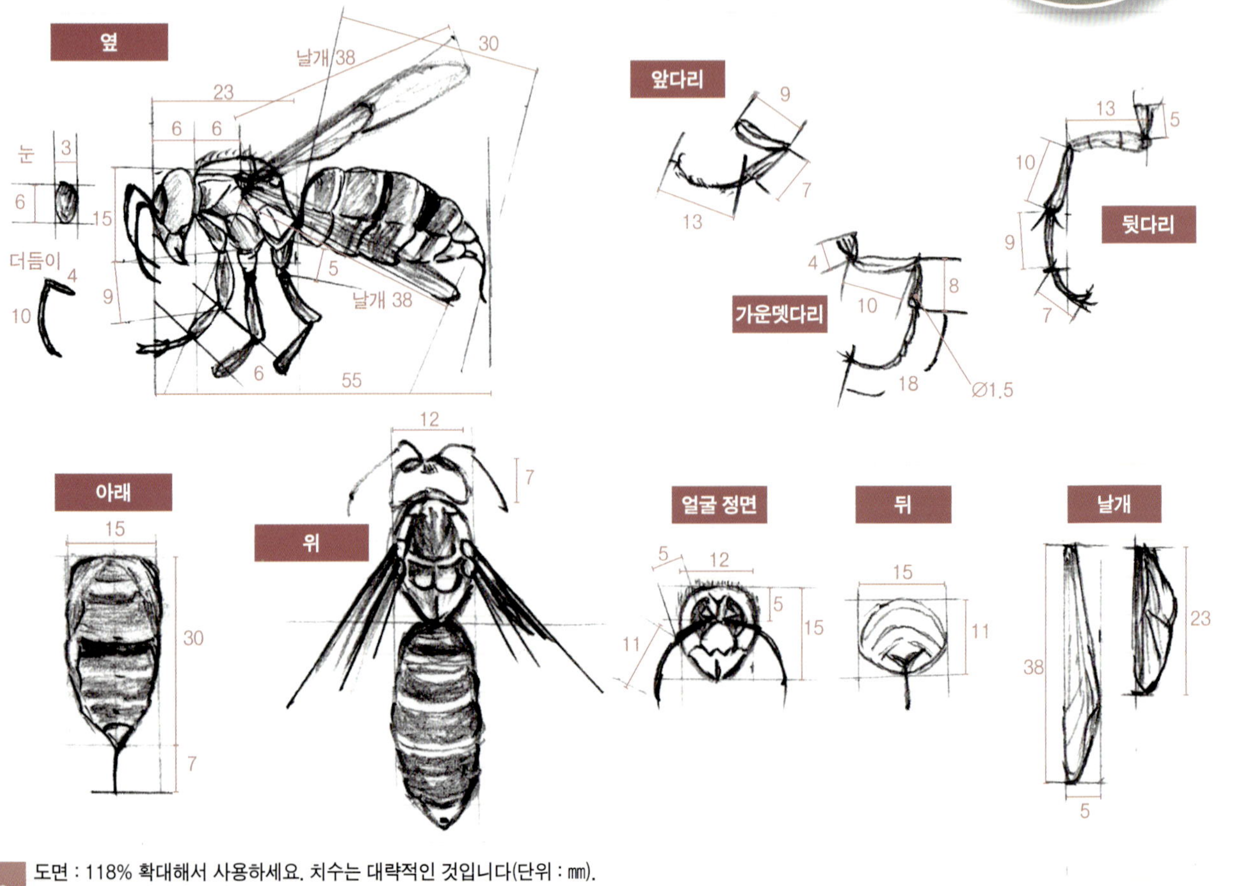

옆

눈 3
6
15
더듬이 4
10
9
6

날개 38
30
23
6 6
5
날개 38
6
55

앞다리
9
7
13

가운뎃다리
4
10
18
8
Ø1.5

뒷다리
13
5
10
9

아래
15
30
7

위
12
7

얼굴 정면
5 12
5
11

뒤
15
5
15
11

날개
13
23
38
5

도면 : 118% 확대해서 사용하세요. 치수는 대략적인 것입니다(단위 : ㎜).

122

✔다양한 각도에서 살펴봅시다

얼굴

비스듬히 뒤쪽

옆

위

아래

뒤

톱사슴벌레

날카로운 가시가 달린 뿔이 특징인 톱사슴벌레.
톱의 미묘한 곡선을 잘 재현해보세요. 다리 6개
각각의 길이와 배치도 신중하게.

아래

얼굴

위

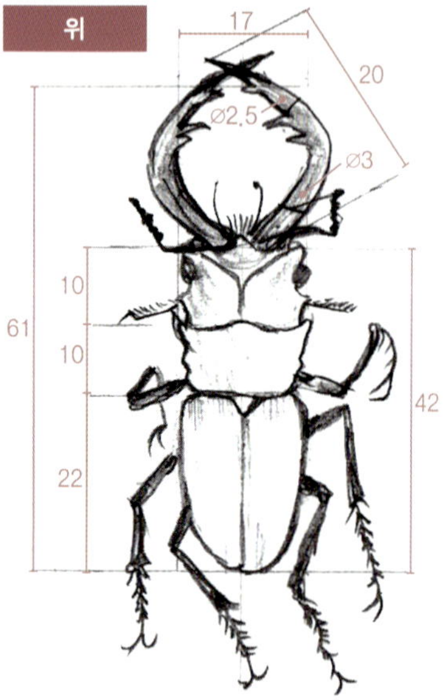

아래

옆

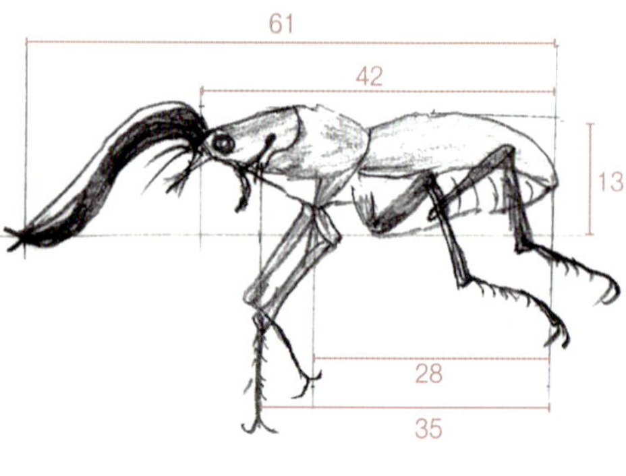

수염

5

7

눈

2

2

뒤

18

10

앞다리

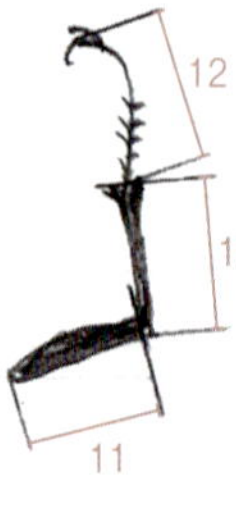

12

12

11

가운뎃다리

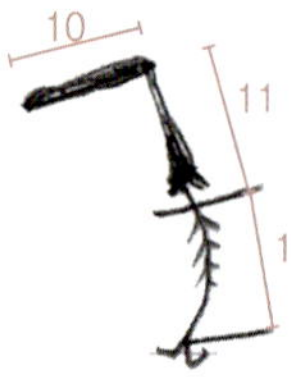

10

11

11

뒷다리

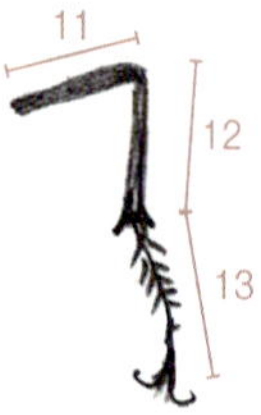

11

12

13

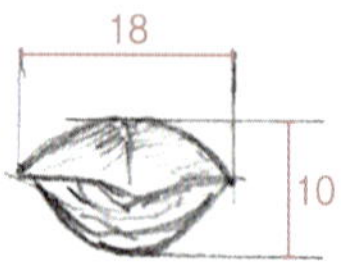

도면 : 118% 확대해서 사용하세요. 치수는 대략적인 것입니다(단위 : mm).

✔ 다양한 각도에서 살펴봅시다

얼굴

비스듬히 뒤쪽

옆

위

아래

비스듬히 앞

아틀라스장수풍뎅이

3개의 크고 긴 뿔을 지닌 아틀라스장수풍뎅이. 단단
한 윗날개 밑으로 나오는 반투명한 속 날개는 투과
지로 만들고, 가는 끈으로 줄기를 넣어봤습니다.

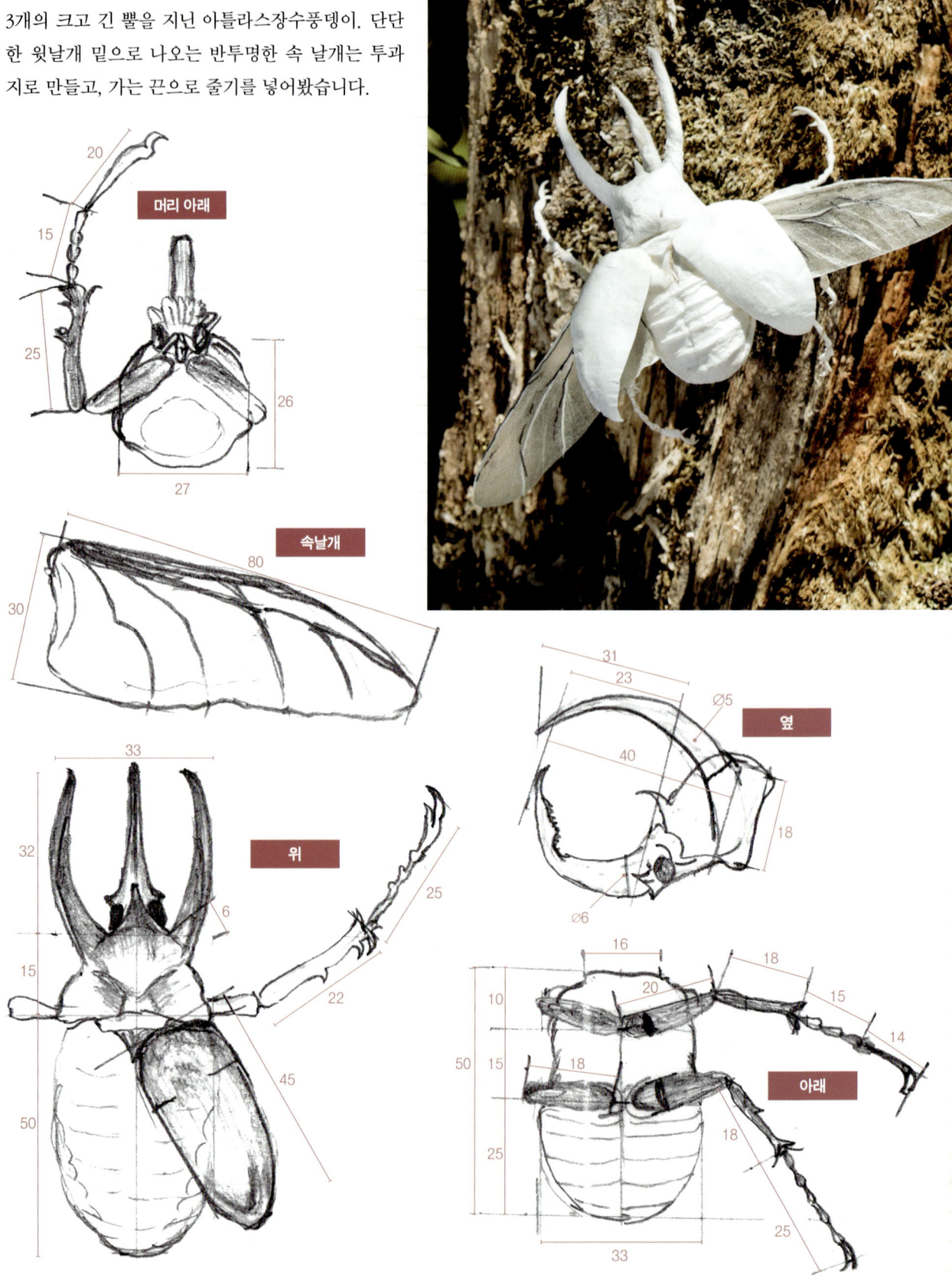

머리 아래

속날개

옆

위

아래

도면 : 116% 확대해서 사용하세요. 치수는 대략적인 것입니다(단위 : ㎜).

✔ 다양한 각도에서 살펴봅시다

얼굴

비스듬히 앞

비스듬히 뒤쪽

옆

위

아래

방아깨비

뾰족한 머리와 가늘고 긴 다리가 특징인 방아깨비. 더듬이도 특징적인데, 가느다란 나뭇잎 같은 모양에 주목해주세요.

위

25 Ø2

86

11

옆

52

50 뒷다리

Ø2.5

86 105

12

아래

11

8

16

9

12

얼굴 정면

8

26

얼굴 옆

눈 6

2

23

8

앞다리

13

10

Ø1.5

5

가운뎃다리

17

15

Ø1

6

도면 : 125% 확대해서 사용하세요. 치수는 대략적인 것입니다(단위 : ㎜).

✔다양한 각도에서 살펴봅시다

얼굴

비스듬히 뒤쪽

옆

위

아래

뒤

물장군

전체적으로 얇고 납작한 모양을 한 것이 특징인
물장군. 굵은 앞다리도 개성적입니다. 윗날개
모양도 특징이니까 잘 재현해보세요.

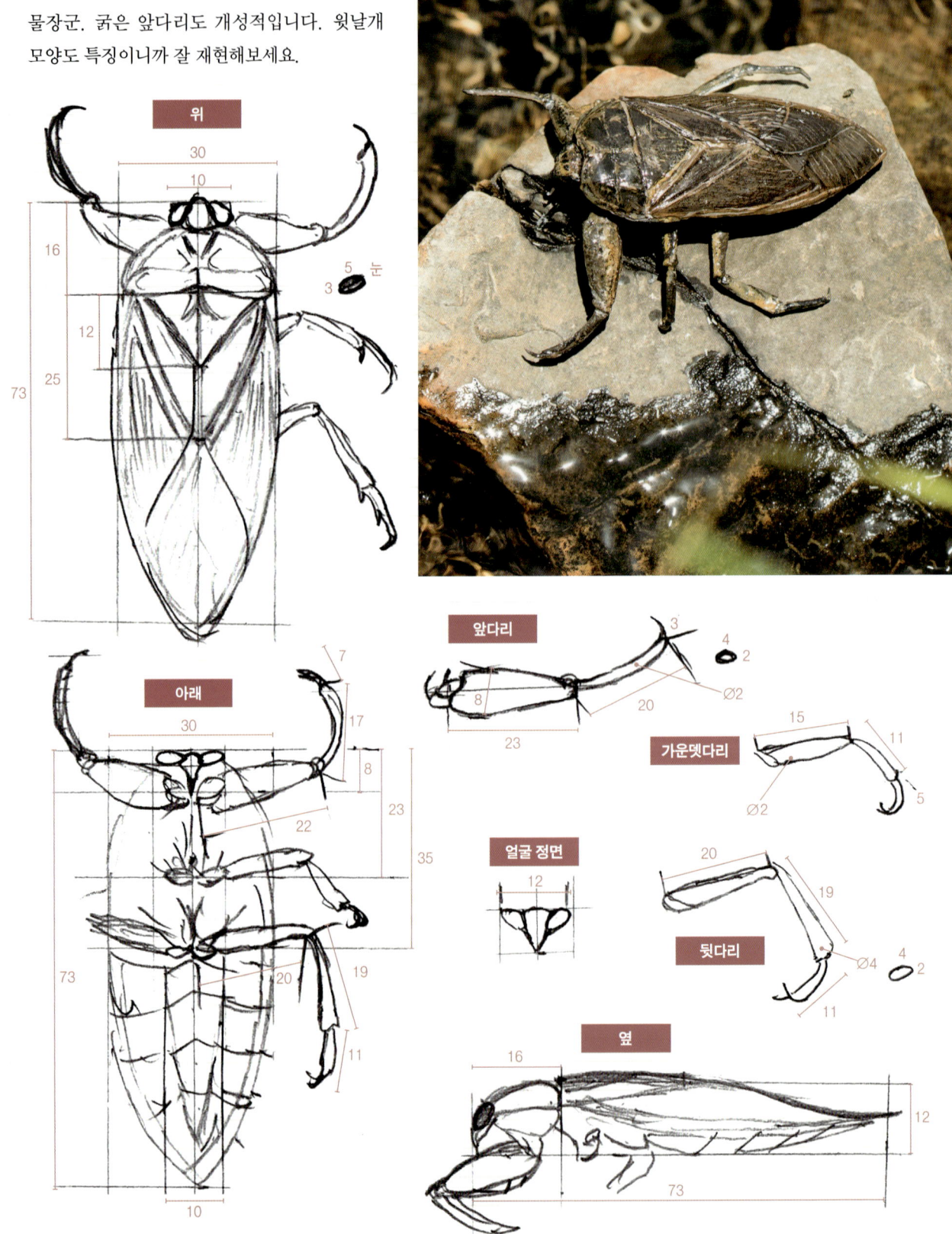

위

30
10
16
5 눈
3
12
73
25

아래

7
30
17
8
22
23
35
20
73
19
11
10

앞다리

3
4
2
8
∅2
20
23

가운뎃다리

15
11
∅2
5

얼굴 정면

12

뒷다리

20
19
∅4
4
2
11

옆

16
12
73

도면 : 실물 크기. 치수는 대략적인 것입니다(단위 : mm).

✔️다양한 각도에서 살펴봅시다

얼굴

비스듬히 뒤쪽

옆

위

아래

비스듬히 앞

비단벌레

보석 같은 광택이 나는 비단벌레. 몸통과 머리를
하나로, 동시에 만듭니다. 몸의 무늬는 조금씩
신중하게 칠하세요.

아래

옆

얼굴

비스듬히 앞

비스듬히 뒤쪽

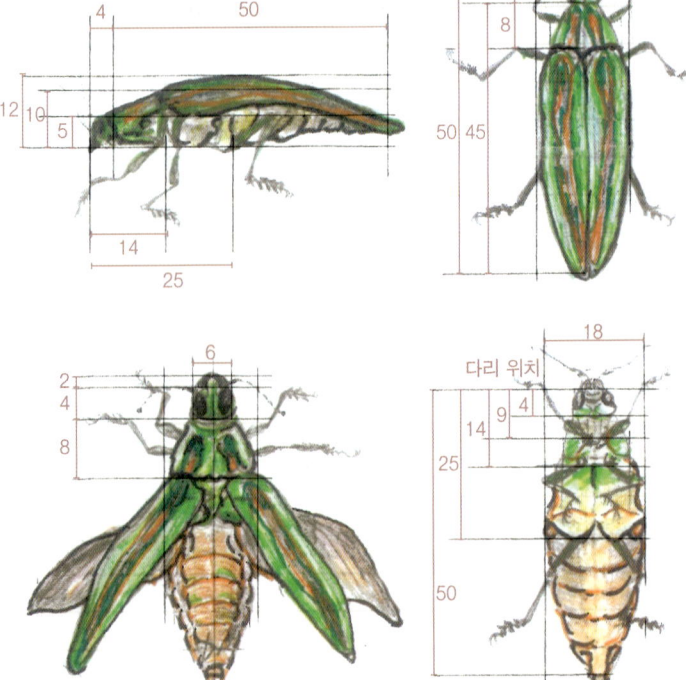

다리 위치

도면 : 128% 확대해서 사용하세요. 치수는 대략적인 것입니다(단위 : ㎜).

이데아왕나비

일본에서 가장 큰 나비입니다. 날개 무늬를 신중하게 그려주세요. 날개의 옅은 노란색을 너무 진하게 칠하지 않도록 주의하세요.

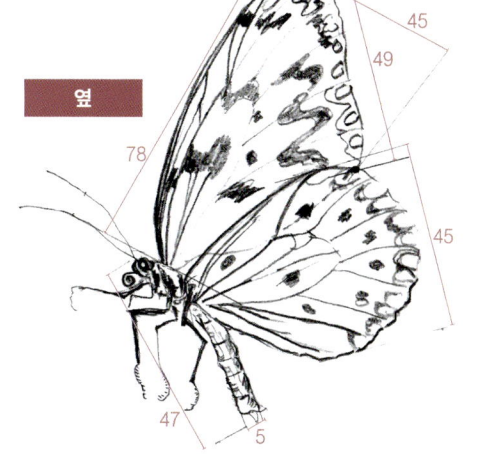

얼굴

비스듬히 앞

옆

위

158

34 5

77

4

12

32

Ø3 4

옆

45

49

78

45

47

5

아래

도면 : 180% 확대해서 사용하세요. 치수는 대략적인 것입니다 (단위 : ㎜).

133

청띠신선나비/암끝검은표범나비

나비는 무늬와 색 표현이 중요합니다. 청띠신선나비는 날개의 검은색과 파란색의 우아한 배색이 인상적. 암끝검은표범나비는 검은색과 주황색의 대비가 특징적입니다.

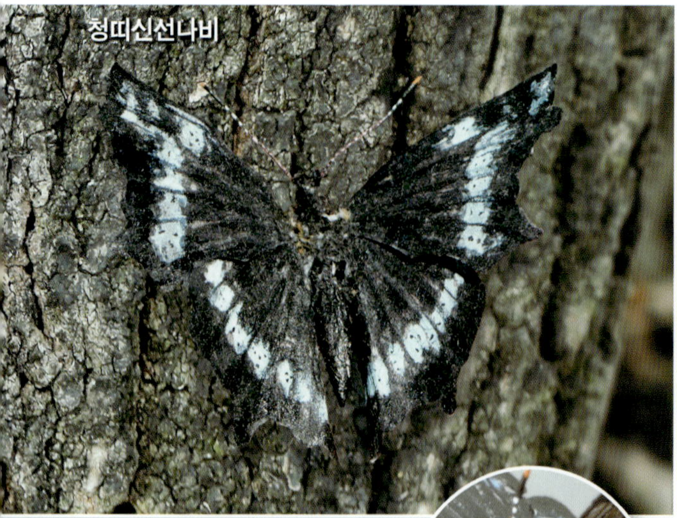

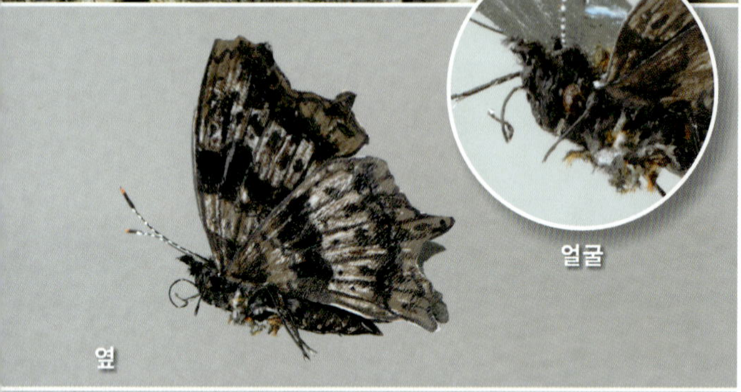

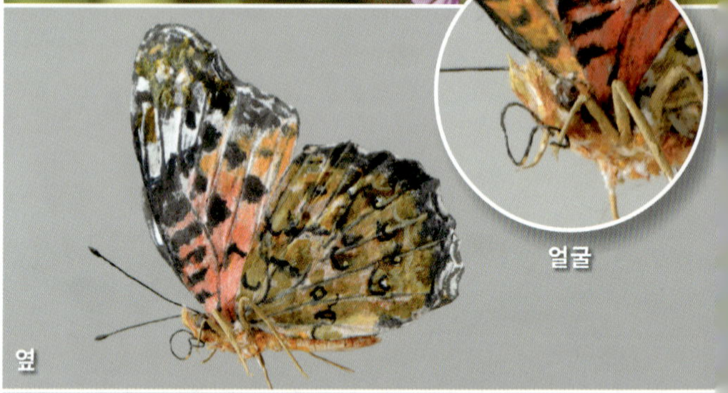

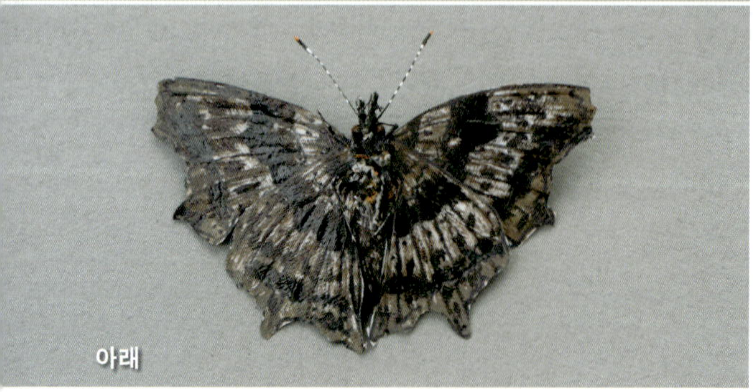

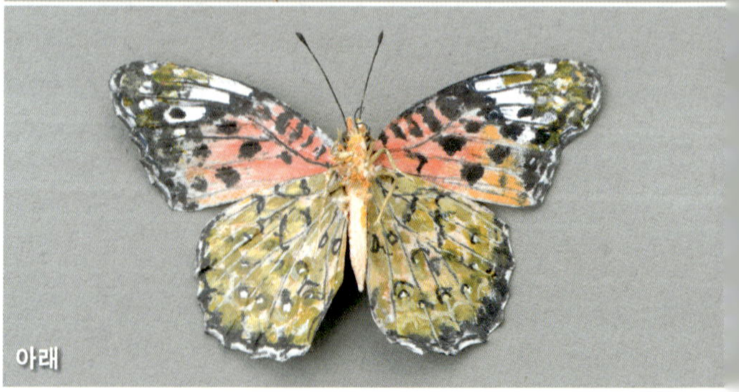

청띠신선나비

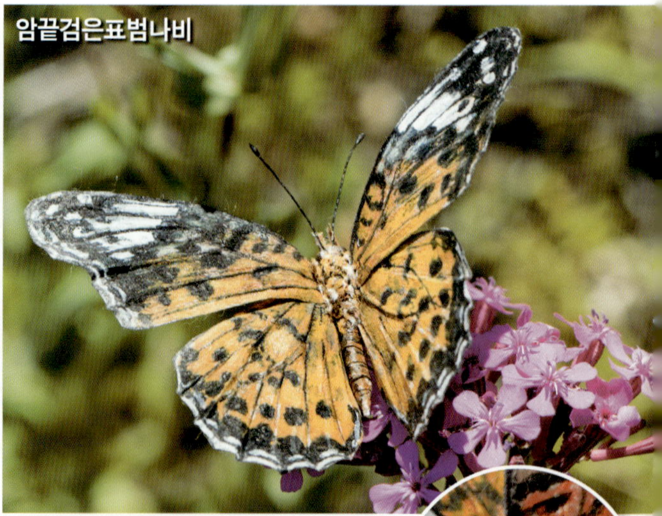

암끝검은표범나비

얼굴
옆

얼굴
옆

아래

아래

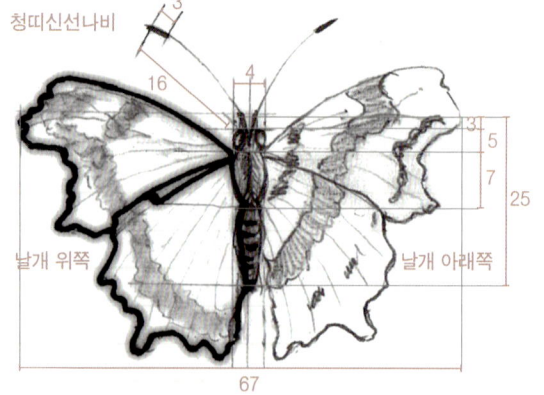

청띠신선나비
3
16
4
3
5
7
25
날개 위쪽
날개 아래쪽
67

암끝검은표범나비
83
5
2
17
22
11
11
날개 아래쪽
날개 위쪽
41
31

도면 : 111% 확대해서 사용하세요. 치수는 대략적인 것입니다(단위 : ㎜).

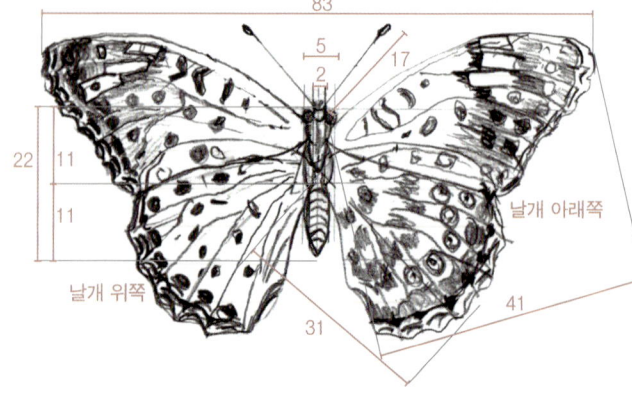

으름밤나방

나방이지만 색이 아주 예쁘고 흥미로운 형태를 한 으름밤나방. 특징인 나뭇잎 같은 날개와 몸에 밀집한 솜털을 꼼꼼하게 만드는 게 포인트입니다.

얼굴

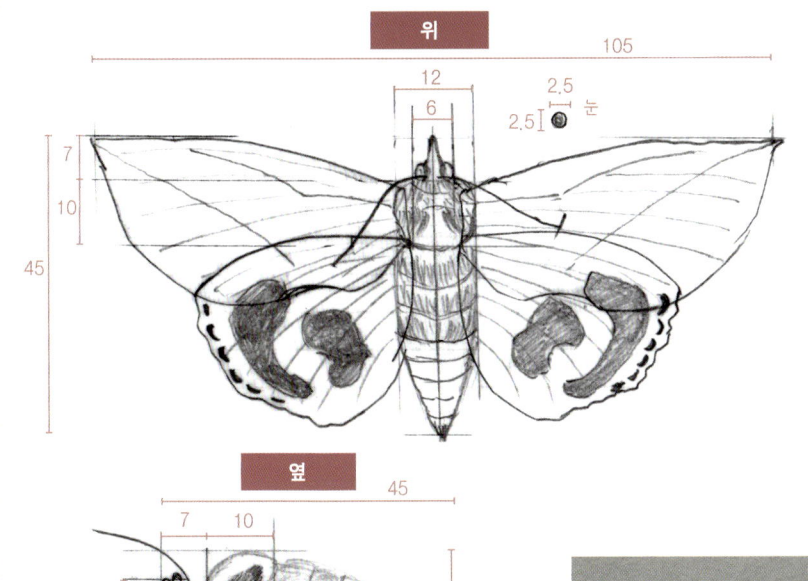

위

옆

다리

6 앞다리
6
6
9 Ø1
6 5
6 Ø1
가운뎃다리
6
10
뒷다리
6
5

옆

아래

도면 : 114% 확대해서 사용하세요. 치수는 대략적인 것입니다(단위 : mm).

■ 저자 소개
코마미야 히로시(駒宮 洋)

1945년 일본 사이타마현 출생. 티슈 곤충(ティッシュ昆虫®)과 옛 민가 모형을 제작하는 조형 작가. 티슈 곤충은 실물을 관찰해서 도면을 그리고, 부위별로 부품을 제작해서 만든다. 지금까지 100종류 이상, 300체의 곤충을 티슈페이퍼로 제작했다. 각지에서 작품전과 워크샵을 개최. 갤러리 공방 「마음의 고향(心の郷)」 주재. 기후현, 야마나시현, 이시카와현, 사이타마현, 도쿄도 등 일본 각지에서 『티슈 곤충전』을 개최. 저서로는 『처음이라도 할 수 있는 간단한 티슈 공작』(각켄 마케팅)이 있다.

■ 번역
김정규

중앙대학교 일어학과 졸업. 반다이코리아 디지털 사업부에 재직하며 건담 시리즈를 비롯한 게임 소프트웨어 수십 편의 로컬라이즈를 담당. 현재는 전업 프리랜서 번역가로 활동 중. 모형 만들기를 좋아하지만 만들 시간이 없어서 키트와 도료만 쌓여가고 있다.

■ STAFF

본문 편집/디자인/DTP : atelier jam (http://www.a-jam.com/)
표지 디자인 : 이타쿠라 히로마사 [Little Foot inc.]
작품 촬영 : 오노 노부히코
프로세스 촬영/작품 촬영/편집 협력 : 야마모토 타카토리
감수 : 야마모토 카츠유키 [PENSION FABRE]
기획 : 모리모토 세이시로 [earth-media]
편집 총괄 : 야무라 야스히로 [HOBBY JAPAN]

화장지로 만드는 곤충

초판 1쇄 인쇄 2020년 5월 10일
초판 1쇄 발행 2020년 5월 15일

저자 : 코마미야 히로시
번역 : 김정규

펴낸이 : 이동섭
편집 : 이민규, 서찬웅, 탁승규
디자인 : 조세연, 김현승, 황효주, 김형주
영업 · 마케팅 : 송정환
e-BOOK : 홍인표, 김영빈, 유재학, 최정수
관리 : 이윤미

㈜에이케이커뮤니케이션즈
등록 1996년 7월 9일(제302-1996-00026호)
주소 : 04002 서울 마포구 동교로 17안길 28, 2층
TEL : 02-702-7963~5 FAX : 02-702-7988
http://www.amusementkorea.co.kr

ISBN 979-11-274-3261-4 13630

Tissue de Tsukuru Real na Konchu
Kihon no Kanabun kara Kabutomushi, Ageha, Tonosama Batta no Kosaku made

이 도서의 국립중앙도서관 출판예정도서목록(CIP)은
서지정보유통지원시스템 홈페이지(http://seoji.nl.go.kr)와
국가자료공동목록시스템(http://www.nl.go.kr/kolisnet)에서 이용하실 수 있습니다.
(CIP제어번호:CIP2020014535)

*잘못된 책은 구입한 곳에서 무료로 바꿔드립니다.